Anton Tschechow

Mein Leben

Erzählung

Übersetzt von Alexander Eliasberg

Anton Tschechow: Mein Leben. Erzählung

Übersetzt von Alexander Eliasberg.

Erstdruck 1896. In deutscher Übersetzung erschienen unter den Titeln »Mein Leben« und »Der Taugenichts«.

Neuausgabe
Herausgegeben von Karl-Maria Guth
Berlin 2016

Umschlaggestaltung von Thomas Schultz-Overhage unter Verwendung des Bildes: Ilya Repin, Nihilist, 1883

Gesetzt aus der Minion Pro, 11 pt

Verlag: Henricus - Edition Deutsche Klassik GmbH
Mörchinger Str. 33, 14169 Berlin, info@henricus-verlag.de
Druck: Libri Plureos GmbH, Friedensallee 273, 22763 Hamburg

ISBN 978-3-8430-8480-2

Bibliografische Information der Deutschen Nationalbibliothek

Die Deutsche Nationalbibliothek verzeichnet diese Publikation in der Deutschen Nationalbibliografie; detaillierte bibliografische Daten sind im Internet über www.dnb.de abrufbar.

1.

Mein Chef sagte mir: »Ich behalte Sie nur mit Rücksicht auf Ihren ehrenwerten Herrn Vater, sonst wären Sie schon längst hinausgeflogen.« Ich antwortete: »Exzellenz tun mir zu viel Ehre an, wenn Sie annehmen, daß ich fliegen kann.« Und dann hörte ich ihn noch sagen: »Schaffen Sie diesen Herrn fort, er geht mir auf die Nerven.«

Nach zwei Tagen war ich entlassen. So habe ich, seitdem ich sozusagen erwachsen bin, zum großen Kummer meines Vaters, des Stadtarchitekten, bereits neun Stellungen gewechselt. Ich war in allen möglichen Ressorts angestellt gewesen, aber alle neun Stellungen glichen sich wie die Wassertropfen: überall mußte ich sitzen, schreiben, dumme oder rohe Bemerkungen anhören und warten, daß man mich entläßt.

Mein Vater saß, als ich zu ihm kam, tief in seinem Sessel und hielt die Augen geschlossen. Sein mageres, trockenes Gesicht mit einem bläulichen Schimmer auf den rasierten Stellen – (er hatte einige Ähnlichkeit mit einem katholischen Organisten) drückte Demut und Ergebenheit aus. Ohne meinen Gruß zu erwidern und ohne die Augen zu öffnen, sagte er zu mir:

»Wenn meine teure Frau, deine Mutter, noch lebte, so wäre dein Leben für sie eine Quelle unaufhörlicher Schmerzen. In ihrem frühen Tode erblicke ich Gottes Vorsehung. Ich bitte dich, du Elender«, fuhr er fort, die Augen öffnend, »sag' einmal selbst, was soll ich mit dir machen?«

In früheren Jahren, als ich noch jünger war, wußten alle meine Verwandten und Bekannten sehr gut, was mit mir zu machen wäre: die einen rieten zum Einjährigendienst, andere zu einer Stellung in einer Apotheke, und die dritten zu einer am Telegraph. Jetzt, wo ich fünfundzwanzig Jahre alt bin und die ersten grauen Haare an den Schläfen habe, wo ich bereits Einjähriger, Apothekerlehrling und Telegraphist gewesen bin, scheint alles Irdische für mich erschöpft, und man rät mir nichts mehr, sondern seufzt nur oder schüttelt den Kopf.

»Was denkst du dir eigentlich?« fuhr mein Vater fort. »Andere junge Leute haben in deinem Alter schon eine sichere soziale Position; aber was bist du? Ein Proletarier, ein Bettler, der seinem Vater zur Last fällt!«

Und er begann, seiner Gewohnheit gemäß, davon zu sprechen, daß die Jugend von heute an Unglauben, Materialismus und übermäßiger Einbildung zugrunde gehe und daß man die Liebhaberaufführungen verbieten müsse, weil sie die jungen Leute von der Religion und von ihren Pflichten ablenkten.

»Morgen gehen wir zusammen hin, du wirst deinen Chef um Entschuldigung bitten und ihm versprechen, deine Pflicht gewissenhaft zu tun«, so schloß er seine Rede. »Keinen einzigen Tag darfst du ohne eine soziale Position bleiben.«

»Ich bitte Sie, hören Sie mich an, sagte ich mürrisch. Ich erwartete nichts Gutes von diesem Gespräch. »Das, was Sie eine gesellschaftliche Position nennen, ist ein Privileg des Kapitals und der Bildung. Aber die Besitzlosen und die Ungebildeten verdienen sich ihr Stück Brot durch körperliche Arbeit, und ich sehe gar nicht ein, warum ich eine Ausnahme bilden soll.«

»Wenn du von körperlicher Arbeit zu sprechen anfängst, so sind deine Worte immer dumm und abgeschmackt!« sagte mein Vater gereizt. »Begreif es doch, du stumpfsinniger Mensch, begreife es doch, du Schafskopf, daß du außer der rohen körperlichen Kraft auch noch einen Geist Gottes, ein heiliges Feuer in dir hast, das dich im höchsten Maße vom Esel oder vom Reptil unterscheidet und der Gottheit nahebringt! Dieses Feuer ist im Laufe von Jahrtausenden von den besten unter den Menschen gewonnen worden. Dein Urgroßvater, der General Polosnjew hat bei Borodino gekämpft, dein Großvater war Dichter, Redner und Adelsmarschall, dein Onkel – Schulmann, und endlich ich, dein Vater, bin Architekt. Alle Polosnjews haben das heilige Feuer gehütet, nur damit du es auslöschst!«

»Man muß gerecht sein«, sagte ich. »Der körperlichen Arbeit unterziehen sich Millionen von Menschen.«

»Sollen sie sich ihr nur unterziehen! Sie können eben nichts anderes. Körperliche Arbeit kann jeder leisten, selbst der größte Dummkopf und Verbrecher, sie charakterisiert den Sklaven und den Barbaren, während das heilige Feuer nur wenigen gegeben ist!«

Dieses Gespräch fortzusetzen, hatte gar keinen Zweck. Mein Vater vergötterte sich, und für ihn war nur das überzeugend, was er selbst sagte. Außerdem wußte ich sehr gut, daß der Hochmut, mit dem er über die körperliche Arbeit sprach, weniger auf den Erwägungen bezüglich des heiligen Feuers beruhte, als auf der Angst, daß ich wirklich

Arbeiter und der ganzen Stadt zum Spott werden könnte; vor allen Dinge aber hatten schon alle meine Altersgenossen die Universität absolviert und waren auf dem besten Wege, Karriere zu machen; der Sohn des Reichsbankdirektors z. B. besaß schon den Rang eines Kollegienassessors, ich aber, sein einziger Sohn, war noch nichts! Dieses Gespräch fortzusetzen, war zwecklos und unangenehm, aber ich saß noch immer da und machte schwächliche Einwendungen in der Hoffnung, daß er mich vielleicht am Ende doch verstehen würde. Für mich war ja die ganze Frage ganz einfach und sonnenklar: es handelte sich nur noch darum, auf welche Weise ich mein Stück Brot verdienen könnte. Aber mein Vater wollte das Einfache nicht einsehen, sondern sprach in gedrechselten, süßlichen Sätzen von Borodino, vom heiligen Feuer, von meinem Onkel, dem vergessenen Dichter, der einst schlechte, verlogene Gedichte geschrieben, und nannte mich in seiner rohen Art einen Schafskopf und einen stumpfsinnigen Menschen. Und ich sehnte mich so sehr danach, verstanden zu werden! Trotz alledem liebe ich aber meinen Vater und meine Schwester, und die kindliche Gewohnheit, sie in allen Dingen um Erlaubnis zu fragen, ist in mir so tief eingewurzelt, daß ich mich von ihr wohl kaum jemals freimache; ganz gleich, ob ich im Recht oder Unrecht bin, ich fürchte immer, ihnen Kummer zu bereiten, fürchte, daß mein Vater einen roten Hals bekommt oder daß ihn gar der Schlag trifft.

»In einem dumpfen Zimmer zu sitzen«, sagte ich, »Papiere abzuschreiben und mit einer Schreibmaschine zu konkurrieren, ist für einen Menschen in meinem Alter beschämend und beleidigend. Wie kann da überhaupt von einem heiligen Feuer die Rede sein!«

»Es ist immerhin geistige Arbeit«, entgegnete mein Vater. »Aber genug, brechen wir dieses Gespräch ab. Doch für jeden Fall muß ich dich warnen: wenn du deinen Dienst nicht wieder antrittst und deinen verächtlichen Neigungen folgst, so entziehen wir dir, ich und meine Tochter, unsere Liebe. Ich werde dich enterben, das schwöre ich dir bei Gott!«

Ich sagte darauf ganz aufrichtig, nur um die Reinheit der Motive, von denen ich mich mein Leben lang leiten lassen wollte, zu zeigen:

»Diese Frage erscheint mir nicht so wichtig. Ich verzichte auf die Erbschaft schon von vornherein.«

Diese Worte verletzten meinen Vater ganz wider Erwarten äußerst schwer. Er wurde über und über rot.

»Untersteh dich nicht, mit mir so zu sprechen, Dummkopf!« schrie er mit einer dünnen, kreischenden Stimme. »Du Taugenichts!« Und er versetzte mir mit einer geschickten, gewohnten Bewegung schnell hintereinander zwei Ohrfeigen. »Du vergißt dich letztens gar zu oft!«

In meiner Kindheit mußte ich, wenn mich mein Vater schlug, stramm, die Hände an der Hosennaht, stehen und ihm gerade ins Gesicht sehen. Und wie er mich jetzt schlug, fiel ich gleichsam in meine Kinderjahre zurück, und stand stramm und sah ihm in die Augen. Mein Vater war alt und sehr mager, seine Muskeln waren aber wohl dünn und zäh wie Riemen, denn seine Schlägt taten sehr weh.

Ich zog mich ins Vorzimmer zurück, aber hier ergriff er seinen Regenschirm und schlug mich damit einigemal auf Kopf und Schultern; in diesem Augenblick öffnete meine Schwester die Wohnzimmertüre, um zu sehen, woher der Lärm komme; als sie die Szene sah, wandte sie sich sofort mit einem Ausdruck von Mitleid und Schreck wieder fort, ohne auch nur ein Wort für mich einzulegen.

Mein Entschluß, in die Kanzlei nicht zurückzukehren, sondern ein neues Arbeitsleben zu beginnen, stand unwankbar fest. Es blieb mir nur noch übrig, die Art der Arbeit zu wählen, und das erschien mir nicht sonderlich schwer, da ich mich für außerordentlich stark, ausdauernd und jeder Arbeit gewachsen hielt. Mir stand ein eintöniges Arbeitsleben mit Hunger, Armeleutegeruch, Roheit und der ständigen Sorge um das tägliche Brot bevor. Und – wer weiß? – vielleicht werde ich, wenn ich durch die Große Adelsstraße von der Arbeit heimgehe, mehr als einmal den Ingenieur Dolschikow beneiden, der von geistiger Arbeit lebt; aber jetzt freute es mich nur, an alle meine zukünftigen Schwierigkeiten zu denken. Einst hatte ich von einer geistigen Tätigkeit geträumt und mich schon als Lehrer, Arzt oder Dichter gesehen, aber die Träume blieben eben Träume. Der Hunger nach geistigen Genüssen – z. B. nach Theater und Büchern, war in mir bis zur Leidenschaft entwickelt, ob ich aber auch die Fähigkeit besaß, mich auf diesen Gebieten selbst zu betätigen, das weiß ich nicht. Auf dem Gymnasium hatte ich eine unüberwindliche Abneigung gegen Griechisch, so daß ich aus der vierten Klasse austreten mußte. Lange Zeit nahm ich Privatunterricht und bereitete mich für die fünfte Klasse vor; dann diente ich in den verschiedenen Ressorts, wobei ich den größten Teil des Tages nichts zu tun hatte, aber das nannte man geistige Arbeit! Das Studium und der Staatsdienst erforderten weder Geistesanspannung, noch Talente, weder persönliche Fähigkeiten, noch schöpferischen Aufschwung: sie waren rein mechanisch. Solche geistige Arbeit schätze ich aber viel niedriger als die körperliche ein, ich verachte sie und glaube nicht, daß sie ein müßiges, sorgloses Leben auch nur einen Augenblick lang zu rechtfertigen vermag, da sie doch selbst nur Betrug und eine Form von Müßiggang ist. Die wahre geistige Arbeit habe ich wahrscheinlich nie gekannt.

Der Abend brach an. Wir wohnten in der Großen Adelsstraße, der Hauptstraße unserer Stadt, auf der in den Abendstunden in Ermangelung eines ordentlichen Stadtgartens unsere vornehme Welt zu promenieren pflegte. Diese schöne Straße ersetzte zum Teil einen Garten, da sie zu beiden Seiten von Pappeln eingefaßt war, die, besonders nach einem Regen, herrlich dufteten, und aus den Gartenzäunen Akazien, Fliederbüsche, Faul- und Apfelbäume hervorlugten. Die Maiendämmerung, das zarte, junge Grün voller Schatten, der Fliederduft, das Summen der Käfer, die Stille, die Wärme – wie neu und ungewöhnlich war das alles, obwohl es sich jedes Jahr wiederholte! Ich stand vor der Gartenpforte, und sah mir die Spaziergänger an. Mit den meisten von ihnen war ich aufgewachsen und hatte als Kind gespielt; jetzt wäre ihnen aber meine Bekanntschaft peinlich gewesen, denn ich war ärmlich und nicht nach der Mode gekleidet, und meine engen Hosen und plumpen Stiefel waren allen zum Spott. Zudem stand ich überhaupt in schlechtem Ruf, da ich keine gesellschaftliche Position besaß und oft in billigen Gasthäusern Billard spiele; außerdem vielleicht auch aus dem Grunde, weil man mich zweimal ohne den geringsten Anlaß meinerseits auf die Gendarmerie vorgeladen hatte.

Im großen Hause gegenüber, beim Ingenieur Dolschikow, spielte man Klavier. Es dunkelte, und am Himmel leuchteten die Sterne auf. Da kommt langsam, in seinem altmodischen Zylinder mit breiter, nach oben gebogener Krempe, nach allen Seiten grüßend, Arm in Arm mit meiner Schwester mein Vater gegangen.

»Sieh einmal!« sagt er zu meiner Schwester und zeigt mit demselben Regenschirm, mit dem er mich vorhin geprügelt, nach oben: »Sieh den Himmel! Die Sterne, selbst die winzigsten unter ihnen sind ganze Welten! Wie nichtig ist doch der Mensch im Vergleich zum Weltall!«

Und das sagte er in einem Ton, als ob es ihm schmeichelhaft und angenehm wäre, so nichtig zu sein. Was war er doch für ein talentloser, unbedeutender Mensch! Leider war er unser einziger Architekt, und aus diesem Grunde ist bei uns in den letzten fünfzehn – zwanzig Jahren kein einziges anständiges Haus erstanden. Wenn man bei ihm einen Plan bestellte, so zeichnete er immer zuerst einen Saal und ein Wohnzimmer; ebenso wie die Institutschülerinnen der guten alten Zeit nur von einer bestimmten Stelle des Zimmers, nämlich vom Ofen zu tanzen verstanden, so vermochte sich die künstlerische Phantasie meines Vaters nur vom Saal und Wohnzimmer aus zu entfalten. Daran zeichnete er ein Eßzimmer, ein Kinderzimmer und ein Kabinett und verband alle diese Räume durch Türen, so daß jedes Zimmer zu einem Durchgangszimmer wurde und je zwei oder auch drei Türen zuviel hatte. Seine Phantasie war augenscheinlich verworren und dürftig; als fühlte er, daß irgend etwas fehlte, griff er jedesmal zu allerlei Anbauten, die er einfach aneinanderreihte. Ich sehe auch heute noch die engen Vorzimmer und Korridore, die krummen Treppchen zum Zwischenstock, wo man nur gebückt stehen konnte und wo drei Riesenstufen in der Größe von Pritschen den Fußboden ersetzten. Die Küche befand sich aber unbedingt im Kellergeschoß und hatte eine gewölbte Decke und einen Ziegelfußboden. Die Fassade blickte eigensinnig und langweilig drein und hatte trockene, nichtssagende Linien; das Dach war niedrig und flach, und auf den dicken, gleichsam geschwollenen Schornsteinen saßen unbedingt Drahtkappen mit schwarzen quietschenden Wetterfahnen. Alle diese von meinem Vater erbauten Häuser ähnelten sich und erinnerten mich aus irgendeinem Grunde an seinen Zylinderhut und seinen trockenen und eigensinnigen Nacken. Im Laufe der Zeit gewöhnte man sich in der Stadt an die Geschmacklosigkeit meines Vaters, sie faßte Wurzeln und wurde zu unserm Stil.

Nach dem gleichen Stil gestaltete er auch das Leben meiner Schwester. Es begann damit, daß er sie Kleopatra taufte (mich hatte er aber Missail genannt). Als sie noch ein Kind war, machte er ihr mit seinen Reden über die Sterne, über die alten Weisen und über unsere Ahnen Angst, erklärte ihr lang und breit, was das Leben und was die Pflicht sei; und auch jetzt, da sie bereits sechsundzwanzig Jahre alt war, betrieb er ihre Erziehung auf die gleiche Weise und erlaubte ihr, nur mit ihm allein Arm in Arm zu gehen. Aus irgendeinem Grunde bildete er sich ein, es müsse früher oder später ein anständiger junger Mann kommen, der sie aus Achtung vor den Tugenden ihres Vaters heiraten würde. Sie aber betete den Vater an und glaubte an seinen ungewöhnlichen Geist.

Es war ganz dunkel geworden, und die Straße leerte sich allmählich. Im Hause war das Klavierspiel verstummt. Das Tor wurde weit geöffnet, und über unsere Straße rollte mit gedämpftem Schellengeläute eine Troika. Der Ingenieur fuhr mit seiner Tochter spazieren. Es war Zeit zum Schlafen.

Ich hatte zwar im Hause mein eigenes Zimmer, wohnte aber auf dem Hofe in einer Hütte, die an einen Stall angebaut war. Die Hütte hatte einst zum Aufbewahren von Pferdegeschirr gedient, und in den Wänden steckten große Haken. Jetzt stand sie leer, und mein Vater benutzte sie als Ablage für seine Zeitungen, die er halbjährlich binden ließ und die niemand anrühren durfte. Wenn ich hier wohnte, kam ich meinem Vater und seinen Gästen weniger unter die Augen, und es schien mir, daß, wenn ich nicht in einem richtigen Zimmer wohnte und nicht jeden Tag zu Hause zu Mittag aß, die Worte meines Vaters, daß ich ihm zur Last falle, weniger verletzend seien.

Meine Schwester erwartete mich schon. Sie brachte mir heimlich mein Abendessen: ein kleines Stück kaltes Kalbfleisch und eine Scheibe Brot. Bei uns zu Hause hieß es immer: »Wer den Pfennig nicht ehrt, ist des Talers nicht wert.« Meine Schwester stand unter dem Drucke solcher Redensarten und dachte nur noch daran, wie sie die Ausgaben vermindern könnte; deshalb aß man bei uns im allgemeinen schlecht. Sie stellte den Teller auf den Tisch, setzte sich auf mein Bett und fing zu weinen an.

»Missail«, sagte sie, »was tust du uns an?«

Sie bedeckte ihr Gesicht nicht, die Tränen fielen ihr auf Brust und Hände, und ihre Züge drückten tiefe Trauer aus. Sie sank auf das Kissen, ließ den Tränen freien Lauf, zitterte am ganzen Leibe und schluchzte.

»Du hast schon wieder deine Stellung verloren«, sagte sie. »Wie schrecklich ist das!«

»Aber so höre doch, Schwester, begreife mich ...« fing ich an. Ihre Tränen brachten mich zur Verzweiflung.

Wie zum Trotz war das Petroleum in meinem Lämpchen ausgebrannt; es qualmte und wollte verlöschen. Die alten Haken an den Wänden blickten streng drein, und ihre Schatten bewegten sich.

»Erbarme dich unser!« sagte meine Schwester, sich vom Bette erhebend. »Unser Vater ist tief unglücklich, und ich bin krank und fürchte den Verstand zu verlieren. Was wird aus dir?« fragte sie schluchzend, die Hände nach mir ausstreckend. »Ich bitte dich, ich flehe dich im Namen unserer verstorbenen Mutter an: geh wieder in Stellung!«

»Ich kann nicht, Kleopatra!« sagte ich, obwohl ich fühlte, daß nicht mehr viel fehlte, daß ich mich ergebe. »Ich kann nicht!«

»Warum denn nicht?« fuhr meine Schwester fort. »Warum? Nun, wenn du dich mit deinem Chef nicht vertragen kannst, so suche dir eine andere Stellung. Warum sollst du zum Beispiel nicht zur Eisenbahn gehen? Ich habe eben mit Anjuta Blagowo gesprochen; sie behauptet, daß man dich bei der Eisenbahn ganz bestimmt nehmen wird, und verspricht sogar, sich für dich zu verwenden. Um Gottes willen, Missail, überlege es dir! Ich flehe dich an!«

Wir sprachen noch ein Weilchen, und ich gab schließlich nach. Ich sagte ihr, daß der Gedanke an eine Stellung beim Eisenbahnbau mir noch gar nicht gekommen und daß ich nicht abgeneigt sei, die Sache zu probieren.

Sie lächelte freudig unter Tränen und drückte mir die Hand. Sie weinte fort und konnte sich lange nicht beruhigen. Ich aber ging in die Küche nach Petroleum.

2.

Unter den Veranstaltern von Liebhaberaufführungen, Konzerten und lebenden Bildern zu wohltätigen Zwecken spielten in unserer Stadt die Aschogins, die im eigenen Hause auf der Großen Adelsstraße wohnten, die erste Rolle; sie gaben jedesmal ihre Räume her und übernahmen alle Scherereien und Auslagen. Diese reiche Gutsbesitzersfamilie besaß im Landkreise ein Gut von dreitausend Deßjatinen mit einem herrlichen Herrenhause, liebte aber das Landleben nicht und wohnte im Winter wie im Sommer in der Stadt. Die Familie bestand aus der Mutter, einer groß gewachsenen, hageren, vornehmen Dame, die die Haare kurz ge-schoren trug und sich nach englischer Mode kleidete, und aus drei Töchtern, die man niemals bei ihren Namen nannte, sondern einfach mit die Älteste, die Mittlere, die Jüngste bezeichnete. Alle drei Töchter hatten ein spitzes Kinn, waren unschön und kurzsichtig, hielten sich gebückt, kleideten sich wie die Mutter und lispelten höchst unangenehm. Trotzdem nahmen sie unbedingt an jeder Vorstellung teil und betätigten sich immer zu wohltätigen Zwecken; entweder spielten sie, rezitierten oder sangen. Sie waren sehr ernst und lächelten niemals; selbst in Possen mit Gesang spielten sie ohne den leisesten Humor, mit einem so geschäftsmäßigen Ausdruck, als wenn sie Buchhaltung trieben.

Ich liebte unsere Aufführungen und ganz besonders die häufigen, etwas unordentlichen, geräuschvollen Proben, nach denen man immer ein Abendbrot bekam. An der Auswahl der Stücke und der Verteilung der Rollen beteiligte ich mich nicht. Ich betätigte mich nur hinter den Kulissen. Ich malte die Dekorationen, schrieb die Rollen ab, soufflierte, schminkte die Darsteller und sorgte für solche Effekte wie Donner, Nachtigallenschlag usw. Da ich weder eine gesellschaftliche Position noch anständige Kleider besaß, hielt ich mich bei den Proben abseits, im Schatten der Kulissen und schwieg.

Die Dekorationen malte ich bei den Aschogins auf dem Hofe oder im Stall. Mir half dabei der Maler oder »Unternehmer für Malerarbeiten«, wie er sich nannte, Andrej Iwanow. Es war ein Mann von etwa fünfzig Jahren, groß, sehr mager und blaß; er hatte eine eingefallene Brust, eingedrückte Schläfen und blaue Ringe um die Augen und sah sogar etwas unheimlich aus. Er litt an irgendeiner auszehrenden Krankheit, und jeden Herbst und Frühling hieß es von ihm, daß er sterbe. Aber er stand immer wieder auf und sagte dann verwundert: »Ich bin nun wieder nicht gestorben!«

In der Stadt nannte man ihn »Rettich« und behauptete, daß das sein richtiger Name sei. Er liebte das Theater ebenso wie ich, und sobald er hörte, daß man wieder eine Liebhaberaufführung plane, ließ er alle seine Arbeiten liegen und ging zu den Aschogins, um Dekorationen zu malen.

Am Tage nach der Aussprache mit meiner Schwester arbeitete ich vom frühen Morgen an bei den Aschogins. Die Probe war auf sieben Uhr abends angesetzt, und eine Stunde vor Beginn hatten sich schon alle Liebhaber im Saale versammelt. Die Älteste, die Mittlere und die Jüngste gingen auf und ab und lasen ihre Rollen. Rettich lehnte schon in seinem langen rotbraunen Mantel mit einem Tuch um den Hals an der Wand und blickte mit andächtigen Augen auf die Bühne. Frau Aschogina-Mutter ging bald auf den einen, bald auf den anderen Gast zu und sagte einem jeden etwas Angenehmes. Sie hatte die Manier, einen jeden scharf ins Gesicht zu blicken und so leise zu sprechen, als wären es lauter Geheimnisse.

»Es muß doch recht schwer sein, Dekorationen zu malen«, sagte sie leise zu mir. »Als Sie eintraten, sprach ich gerade mit Madame Muffke von den Vorurteilen. Mein Gott, ich habe mein ganzes Leben lang gegen die Vorurteile gekämpft! Um die Dienstboten von der Grundlosigkeit des Aberglaubens zu überzeugen, pflege ich stets drei Lichter anzuzünden und alles Wichtige am Dreizehnten zu beginnen.«

Nun kam die Tochter des Ingenieurs Dolschikow, eine üppige, schöne Blondine, die, wie man sich erzählte, lauter Pariser Sachen trug. Sie spielte nicht mit, aber bei allen Proben stand stets ein Stuhl für sie auf der Bühne bereit, und man begann mit der Vorstellung nicht eher, als bis sie, strahlend und alle durch ihre Toiletten in Verwunderung versetzend, in der ersten Reihe erschien. Als Großstädterin hatte sie das Privilegium, während der Proben Bemerkungen zu machen, und sie machte sie mit einem freundlichen, herablassenden Lächeln, dem man ansehen konnte, daß sie unsere Aufführungen als ein Kinderspiel betrachten, Man erzählte sich, sie hätte am Petersburger Konservatorium Gesang studiert und wäre sogar einen ganzen Winter lang in einer Operntruppe aufgetreten. Sie gefiel mir außerordentlich, und ich pflegte sie bei den Proben und Aufführungen nicht aus den Augen zu lassen.

Ich hatte schon das Heft in die Hand genommen, um mit dem Soufflieren zu beginnen, als plötzlich meine Schwester erschien. Ohne Mantel und Hut abzulegen, ging sie auf mich zu und sagte:

»Ich bitte dich, komm mit!«

Ich folgte ihr. Hinter der Bühne stand in der Türe Anjuta Blagowo, gleichfalls in Hut, mit einem dunklen Schleier vor dem Gesicht. Sie war die Tochter des Vizepräsidenten des Kreisgerichts, der schon sehr lange, fast seit der Gründung des Gerichtshofes in unserer Stadt amtierte. Da sie groß und schön gewachsen war, wirkte sie obligatorisch an den lebenden Bildern mit, und wenn sie irgendeine Fee oder Ruhmesgöttin darstellte, glühte ihr Gesicht vor Scham; aber in den Stücken spielte sie nicht mit und kam zu den Proben immer nur im Vorbeigehen, wenn sie jemand sprechen mußte. Auch jetzt war sie offenbar nur auf dem Sprunge hier.

»Mein Vater hat von Ihnen erzählt«, sagte sie trocken, ohne mich anzusehen und errötete. »Dolschikow hat eine Stelle für Sie bei der Bahn in Aussicht gestellt. Gehen Sie morgen zu ihm hin, er wird zu Hause sein.«

Ich verbeugte mich und dankte für die Bemühungen.

»Das können Sie übrigens lassen«, sagte sie, auf mein Soufflierheft zeigend.

Dann gingen sie und meine Schwester auf die Frau Aschogina zu und tuschelten eine Weile mit ihr, zu mir herüberblickend. Sie schienen etwas zu beraten.

»In der Tat«, sagte Frau Aschogina leise, an mich herantretend und mir gerade ins Gesicht blickend: »in der Tat, wenn Sie das von ernsthafter Beschäftigung ablenkt«, sie nahm mir das Heft aus der Hand, »so können Sie das jemand anders übergeben. Machen Sie sich darüber keine Sorgen, lieber Freund, gehen Sie mit Gott.«

Ich verabschiedete mich von ihr und ging verlegen hinaus. Auf der Treppe sah ich auch meine Schwester und Anjuta Blagowo weggehen. Sie sprachen eifrig über etwas, wahrscheinlich über meinen Eintritt in den Eisenbahndienst, und hatten es sehr eilig. Meine Schwester war bisher noch niemals bei einer Probe gewesen; daher hatte sie wohl jetzt Gewissensbisse und fürchtete, der Vater könnte erfahren, daß sie ohne seine Erlaubnis bei den Aschogins gewesen war.

Ich ging zu Dolschikow am nächsten Tag, bald nach zwölf. Ein Diener führte mich in ein sehr schönes Zimmer, das dem Ingenieur als Empfangszimmer und zugleich als Arbeitszimmer diente. Hier war alles weich, elegant und kam einem Menschen wie mir, der so etwas noch nie gesehen hatte, sogar seltsam vor. Lauter teure Teppiche, riesengroße Sessel, Bronzen, Bilder in Gold- und Plüschrahmen; an den Wänden Photographien, die sehr schöne Frauen mit klugen Gesichtern in ungezwungenen Posen darstellten; eine Tür führte aus dem Empfangszimmer auf die Veranda und in den Garten, und ich sah Fliederbüsche, einen gedeckten Tisch mit vielen Flaschen und einem Rosenstrauß; alles duftete nach Frühling, nach teuren Zigarren, alles atmete Glück und alles schien sagen zu wollen: siehst du, dieser Mensch hat sein Leben lang gearbeitet und schließlich alles Glück erreicht, das auf dieser Welt möglich ist. Am Schreibtische saß die Tochter des Ingenieurs und las in einer Zeitung.

»Sie kommen zu meinem Vater?« fragte sie. »Er nimmt gerade eine Dusche, gleich wird er kommen. Bitte, setzen Sie sich.«

Ich setzte mich.

»Sie wohnen, glaube ich, uns gegenüber?« fragte sie wieder nach einer Pause.

»Jawohl.«

»Vor Langweile schaue ich oft zum Fenster hinaus. Sie müssen es entschuldigen«, fuhr sie fort, in die Zeitung blickend, »ich sehe oft Sie und Ihre Schwester. Sie hat einen so gutmütigen und besorgten Gesichtsausdruck.«

Nun kam Dolschikow herein. Er trocknete sich mit einem Handtuch den Hals ab.

»Papa, es ist Herr Polosnjew«, sagte die Tochter.

»Ja, ja, Blagowo hat mir schon von Ihnen erzählt«, wandte er sich lebhaft an mich, ohne mir die Hand zu reichen. »Aber, hören Sie einmal, was soll ich für Sie tun? Was habe ich für Stellen zu vergeben? Ihr seid doch wirklich merkwürdige Menschen!« fuhr er sehr laut fort, in einem Tone, als ob er mir eine Rüge erteilte. »Täglich kommen an die zwanzig Menschen zu mir, die sich einbilden, daß ich hier ein Ministerium habe! Ich habe ja nur die Bauarbeiten unter mir, meine Herren, und kann nur Schwerarbeiter brauchen: Mechaniker, Schlosser, Erdarbeiter, Tischler, Brunnengräber. Ihr alle versteht aber nur in den Schreibstuben zu hocken. Ihr seid alle nichts als Schreiber!«

Er atmete dasselbe Glück wie seine Teppiche und Sessel. Voll, gesund, rotbackig, mit breiter Brust, frisch gewaschen, in farbigem Kattunhemd und Pluderhose, sah er wie ein Spielzeug, wie ein Kutscher aus Porzellan aus. Er hatte ein rundes, lockiges Bärtchen ohne ein einziges graues Haar, eine Adlernase und dunkle, klare, unschuldige Augen.

»Was verstehen Sie zu tun?« fuhr er fort. »Gar nichts verstehen Sie! Ich bin Ingenieur und gut versorgt, aber bevor ich diese Eisenbahn bekam, mußte ich lange schuften. Ich bin als Maschinist auf der Lokomotive herumgefahren und habe ganze zwei Jahre als einfacher Wagenschmierer in Belgien gearbeitet. Urteilen Sie nun selbst, mein Bester, was für eine Arbeit soll ich Ihnen anbieten?«

»Gewiß, das stimmt …« stotterte ich in höchster Aufregung. Der Blick seiner klaren, unschuldigen Augen irritierte mich.

»Verstehen Sie wenigstens mit einem Telegraphenapparat umzugehen?« fragte er nach einiger Überlegung.

»Ja, ich habe schon den Telegraphen bedient.«

»Hm … Nun, wir wollen sehen. Gehen Sie vorläufig nach Dubetschnja. Ich habe dort schon einen sitzen, aber der ist ein ganz unmöglicher Kerl.«

»Worin wird meine Tätigkeit bestehen?« fragte ich.

»Das wird sich schon zeigen. Gehen Sie nur hin, ich werde das Nötige anordnen. Aber um das eine muß ich Sie bitten: daß Sie mir nicht trinken und mich mit keinen Bittschriften behelligen. Sonst jage ich Sie gleich hinaus.«

Er ließ mich stehen und nickte mir nicht einmal mit dem Kopf. Ich verbeugte mich vor ihm und seiner Tochter, die in der Zeitung las, und ging. Es war mir so traurig zumute, und ich hatte so wenig Lust, die Stadt zu verlassen. Ich liebte meine Vaterstadt. Sie schien mir so hübsch und heimlich. Ich liebte dieses Grün, die stillen sonnigen Morgenstunden, das Läuten unserer Kirchenglocken; aber die Menschen, mit denen ich in dieser Stadt zusammenwohnte, langweilten mich und waren mir fremd, zuweilen sogar widerlich. Ich liebte sie nicht und verstand sie auch nicht.

Ich konnte nicht verstehen, wozu und wovon alle diese fünfundzwanzigtausend Menschen existierten. Ich wußte, daß die Stadt Kimry von Stiefeln lebte, daß Tula Samowars und Gewehre produzierte, daß Odessa eine Hafenstadt war, was aber unsere Stadt darstellte und was sie leistete, das war mir unbekannt. Die Große Adelsstraße und noch zwei andere bessere Straßen lebten von Zinsen und von den Gehältern, die der Staat den Beamten zahlte; wovon aber die übrigen acht Straßen lebten, die parallel zueinander drei Werst weit liefen und hinter dem Hügel verschwanden, das war für mich immer ein unlösbares Rätsel.

Und *wie* diese Menschen lebten, das war die reinste Schande! Es gab weder einen Stadtgarten, noch ein Theater, noch ein anständiges Orchester; die Stadt- und die Klubbibliothek wurden ausschließlich von halbwüchsigen Jungen besucht, und die Zeitschriften und neuen Bücher lagen monatelang unaufgeschnitten herum; selbst die reichen und gebildeten Menschen schliefen in schwülen, engen Räumen auf Holzbetten mit Ungeziefer, hielten ihre Kinder in scheußlichen, schmutzigen Löchern, die sie Kinderzimmer nannten, und die Dienstboten, selbst die alten und geachteten, mußten in der Küche auf dem Fußboden schlafen und sich mit elenden Lumpen zudecken. An Fleischtagen roch es in allen Häusern nach Kohlsuppe, und an Fasttagen – nach Stör und Sonnenblumenöl. Man aß schlecht zubereitete Speisen und trank ungesundes Wasser. Im Rathause, beim Gouverneur, beim Bischof, in allen Häusern sprach man jahrelang davon, daß wir in unserer Stadt kein billiges gutes Trinkwasser haben und daß man beim Staate eine Anleihe von zweihunderttausend Rubel machen sollte, um eine Wasserleitung zu bauen; auch die sehr reichen Leute, von denen es in unserer Stadt an die drei Dutzend gab, und die manchmal ganze Güter am Kartentisch verspielten, tranken das schlechte Wasser und sprachen ihr Leben lang mit großem Eifer von der Anleihe. Ich konnte das nicht verstehen: mir schien es viel einfacher, die zweihunderttausend Rubel aus eigener Tasche zu zahlen.

Ich kannte in unserer Stadt keinen einzigen ehrlichen Menschen. Mein Vater nahm Bestechungsgelder an und bildete sich ein, daß man sie ihm aus Achtung für seine seelischen Eigenschaften schenke; die Gymnasiasten mußten, um alljährlich versetzt zu werden, zu ihren Lehrern in Pension gehen, wofür sich diese ordentlich bezahlen ließen; die Frau des Stadtkommandanten ließ sich zur Zeit der Einberufungen von den Rekruten bestechen und sogar mit Alkohol traktieren, und einmal passierte es, daß sie in der Kirche beim Gottesdienst unmöglich von den Knien aufstehen konnte, da sie betrunken war; auch die Ärzte mußten bei den Einberufungen geschmiert werden, und der Bezirksarzt und der Veterinär hatten alle Fleischläden mit einer Steuer belegt; an der Kreisschule konnte man Atteste kaufen, die die Berechtigung zum Freiwilligendienst gaben; die Pröpste nahmen von den ihnen unterstellten Geistlichen und Kirchenvorstehern Geldgeschenke an; in allen Ämtern rief man jedem Besucher nach: »Es ist üblich, sich zu bedanken!«, und der Besucher kehrte um, um dreißig oder vierzig Kopeken zu geben. Diejenigen aber, die keine Bestechungsgelder annahmen, wie die Gerichtsbeamten, waren hochmütig, reichten bei der Begrüßung nur zwei Finger, zeichneten sich durch die Kälte und Beschränktheit ihrer Urteile aus, waren dem Kartenspiel und dem Trunke ergeben, heirateten reich und wirkten auf ihre Umgebung zweifellos schädlich und demoralisierend. Nur die jungen Mädchen atmeten Reinheit; die meisten von ihnen hatten hohe Bestrebungen und ehrliche, keusche Seelen; aber sie verstanden das Leben nicht und glaubten, daß die Bestechungsgelder in Anerkennung der seelischen Eigenschaften gegeben werden. Wenn sie aber heirateten, alterten sie früh, versumpften schnell und versanken hoffnungslos im Schlamme der trivialen, kleinbürgerlichen Existenz.

3.

In unserer Gegend wurde eine Eisenbahn gebaut. An den Abenden vor den Feiertagen zogen Banden von zerlumpten Kerlen durch die Stadt, die man »Eisenbahner« nannte und vor denen man sich fürchtete. Gar oft sah ich, wie man so einen Kerl mit blutendem Gesicht, ohne Mütze zur Polizei führte, während hinter ihm als *corpus delicti* ein Samowar oder frischgewaschene, noch neue Wäsche getragen wurde. Die »Eisenbahner« drängten sich meistens bei den Schenken und auf den Märkten herum. Sie aßen und tranken, schimpften unflätig und begleiteten jede Dirne mit gellendem Pfeifen. Zur Unterhaltung dieser immer hungrigen Lumpen pflegten unsere Ladenbesitzer Katzen und Hunde mit Schnaps betrunken zu machen oder einem Hunde eine leere Petroleumkanne an den Schwanz zu binden; dann fingen sie zu pfeifen an, und der Hund raste, vor Entsetzen heulend, durch die Straße, während die Kanne dröhnte. Dem Hunde schien es, daß er von einem Ungeheuer verfolgt werde, er lief weit vor die Stadt ins freie Feld hinaus, bis ihn die Kräfte verließen; es gab in unserer Stadt mehrere Hunde, die immer zitterten und die Schweife eingezogen hielten; von ihnen sagte man, daß sie dieses Spiel nicht hatten ertragen können und verrückt geworden seien.

Der Bahnhof wurde fünf Werst von der Stadt erbaut. Man erzählte sich, daß die Ingenieure fünfzigtausend Rubel dafür gefordert hätten, daß der Bahnhof näher bei der Stadt läge; die Stadtverwaltung hätte dafür aber nur vierzigtausend geben wollen; wegen der zehntausend Rubel hätte sich das Geschäft zerschlagen; die Stadtverwaltung bereute es nun schwer, da sie bis zum Bahnhof eine Chaussee anlegen mußte, die viel teurer zu stehen kam. Auf der ganzen Strecke lagen schon die Schwellen und die Schienen und verkehrten Dienstzüge, die das Baumaterial beförderten; es fehlten nur noch die Brücken, die Dolschikow zu bauen hatte, und auch einige Stationsgebäude waren noch nicht ganz fertig.

Dubetschnja – so hieß unsere erste Station – lag siebzehn Werst von der Stadt entfernt. Ich ging zu Fuß. Die Saaten leuchteten grün in der Morgensonne. Die Gegend war flach und freundlich, und in der Ferne hoben sich klar der Bahnhof, die Hügel und entfernte Gutsgebäude ab … Wie schön war es hier in Gottes freier Natur! Und wie gern wollte ich diese Freiheit genießen, wenigstens diesen einen Morgen lang, und nicht daran denken müssen, was in der Stadt vorging, nicht an meine Schwierigkeiten und an den Hunger, der mich quälte, denken müssen! Nichts hinderte mich am Lebensgenuß so sehr wie dieses nagende Hungergefühl, wenn meine besten Gedanken sich sonderbar mit den Vorstellungen von Buchweizengrütze, Koteletts und Bratfischen verquickten. Da stehe ich allein im Felde, blicke auf eine Lerche, die in der Luft unbeweglich zu schweben scheint und wie in einem hysterischen Anfall schmettert, und denke mir dabei: »Wie gut wäre es jetzt, ein Stück Butterbrot zu essen!« Oder ich setze mich am Straßenrande nieder, schließe die Augen, um auszuruhen und diesen herrlichen Frühlingsgeräuschen zu lauschen, und plötzlich muß ich an den Geruch gebratener Kartoffeln denken. Obwohl ich groß gewachsen und kräftig gebaut bin, bekam ich im allgemeinen wenig zu essen, und daher war der Hunger meine wesentlichste Empfindung im Laufe des Tages; darum verstand ich vielleicht auch so gut, weshalb so viele Menschen nur des Brotes wegen arbeiteten und nur vom Essen sprachen.

In Dubetschnja arbeitete man gerade am Verputz der Innenwände des Stationsgebäudes und baute eine hölzernen Oberstock am Wasserturm. Es war heiß, es roch nach Kalk, und die Arbeiter trieben sich träge zwischen den Haufen von Schutt und Spänen herum; der Weichensteller schlief vor seinem Häuschen, und die Sonne brannte ihm gerade ins Gesicht. Kein einziger Baum war zu sehen. Leise summten die Telegraphendrähte, auf denen hie und da Habichte ausruhten. Ich drückte mich zwischen dem Schutt umher, wußte nicht, was anzufangen und dachte an die Antwort des Ingenieurs auf meine Frage, was ich hier zu tun haben würde: »Das wird sich schon zeigen.« Was konnte sich aber in dieser Wüste zeigen? Die Maurer sprachen von irgendeinem Polier und von einem gewissen Fedor Wassiljew; ich verstand es nicht, und meiner bemächtigte sich allmählich ein Unlustgefühl, – ein körperliches Unlustgefühl, bei dem man seine Arme und Beine und seinen ganzen großen Körper fühlt und nicht weiß, was mit ihnen anzufangen.

Nachdem ich mindestens zwei Stunden so herumgebummelt, bemerkte ich eine Reihe von Telegraphenstangen, die rechts von der Strecke abbogen und vor einer weißen Mauer aufhörten; die Arbeiter sagten mir, daß dort die Baukanzlei sei, und nun begriff ich endlich, daß ich mich dorthin zu wenden hatte.

Es war ein sehr altes, verwahrlostes Gutshaus. Die Mauer aus weißem porösem Stein war verwittert und stellenweise eingefallen. Der Seitenflügel, dessen blinde Wand nach dem Felde lag, hatte ein rostiges Eisendach, auf dem hie und da einige frisch geflickte Stellen glänzten. Durch das Tor sah ich einen sehr geräumigen Hof, der mit wildem Steppengras bewachsen war, und ein altes Herrenhaus mit Jalousien an den Fenstern und einem hohen, vor Rost ganz roten Dach. Rechts und links standen zwei vollkommen gleiche Seitenflügel; die Fenster des einen waren mit Brettern vernagelt, vor dem andern aber, dessen Fenster offen standen, war Wäsche zum Trocknen aufgehängt und weideten Kälber. Der letzte Telegraphenpfahl stand auf dem Hofe, und der Draht ging in eines der Fenster des Flügels, der mit seiner blinden Wand nach dem Felde lag. Die Türe war offen, und ich trat ein. Am Tisch mit dem Telegraphenapparat saß ein Herr mit dunklem Lockenkopf, mit einer Leinenjacke bekleidet; er blickte mich erst streng und mürrisch an, lächelte aber dann gleich und sagte:

»Guten Tag, kleiner Nutzen!«

Es war Iwan Tscheprakow, mein ehemaliger Schulkollege, den man aus der zweiten Klasse wegen Rauchens relegiert hatte. Wir pflegten einst zusammen zur Herbstzeit Stieglitze, Zeisige und Kernbeißer zu fangen und am frühen Morgen, wenn die Eltern noch schliefen, auf dem Markte zu verkaufen. Wir lauerten auch den Staren auf, schossen sie mit seinem Schrot an und sammelten dann die verwundeten. Die einen starben bei uns in schrecklichen Qualen (ich erinnere mich auch heute noch, wie sie nachts in ihrem Käfig stöhnten), die anderen aber, die wieder gesund wurden, verkauften wir und schworen dabei, daß es lauter Männchen seien. Einmal war mir auf dem Markte nur ein einziger Star übriggeblieben, den ich lange nicht anbringen konnte und schließlich für eine Kopeke verkaufte, »Es ist ja immerhin ein kleiner Nutzen!« sagte ich damals zum Trost, die Kopeke in die Tasche steckend, und von nun an hieß ich bei den Gassenjungen und Gymnasiasten »kleiner Nutzen«. Es kam auch jetzt noch vor, daß Gassenjungen und Händler mich damit neckten, obgleich wohl niemand mehr den Ursprung dieses Spitznamens kannte.

Tscheprakow war schwächlich von Statur, engbrüstig und langbeinig, und hielt sich krumm. Seine Halsbinde war wie ein Strick verknotet, eine Weste hatte er überhaupt nicht an, und seine Stiefel hatten schiefe Absätze und waren noch schlechter als die meinigen. Er zwinkerte immer mit den Augen und hatte einen so ungestümen Ausdruck, als wollte er immer etwas packen.

»Wart einmal«, sage er jeden Augenblick sehr geschäftig. »Hör einmal … Ja, was wollte ich eben sagen? …«

Wir kamen ins Gespräch. Ich erfuhr von ihm, daß das Gut, auf dem ich mich jetzt befand, noch vor kurzem den Tscheprakows gehört hatte und erst im vergangenen Herbst in den Besitz Dolschikows übergegangen war, der es für vernünftiger hielt, sein Geld in Immobilien als in Papieren anzulegen, und in unserer Gegend bereits drei ansehnliche Güter mit Übernahme der Schuldenlast gekauft hatte; Tscheprakows Mutter hatte sich beim Verkauf dieses Gutes das Recht ausbedungen, in einem der Seitenflügel noch zwei Jahre wohnen zu bleiben, und obendrein auch eine Anstellung für ihren Sohn an der Baukanzlei erwirkt.

»Warum soll er auch keine Güter kaufen!« sagte Tscheprakow vom Ingenieur. »Was er von den Lieferanten allein schindet! Von allen schindet er!«

Dann forderte er mich auf, mit ihm zu Mittag zu essen. Er hatte in aller Eile beschlossen, daß ich mit ihm im Seitenflügel wohnen und mich bei seiner Mutter beköstigen werde.

»Sie ist zwar ein Geizhals«, sagte er, »wird dir aber nicht allzu viel berechnen.«

In den kleinen Zimmern, die seine Mutter bewohnte, war es sehr eng; überall, selbst im Flur und Vorzimmer standen die Möbel herum, die man nach dem Verkauf des Gutes aus dem großen Hause herübergeschafft hatte; es waren lauter altertümliche Mahagonimöbel. Frau Tscheprakowa, eine volle, alte Dame mit chinesischen Schlitzaugen, saß in einem schweren Sessel am Fenster und strickte. Sie empfing mich höchst zeremoniell.

»Mama, das ist Herr Polosnjew«, stellte mich Tscheprakow vor. »Er tritt hier in Stellung.«

»Sind Sie adlig?« fragte sie mich mit seltsam unangenehmer Stimme, die so klang, als ob in ihrem Halse Fett kochte.

»Ja«, antwortete ich.

»Nehmen Sie Platz.«

Das Mittagessen war schlecht. Es gab eine Pastete mit bitterem Quark, eine Milchsuppe und sonst nichts. Jelena Nikiforowna, die Dame des Hauses, blinzelte mir die ganze Zeit bald mit dem einen, bald mit dem andern Auge zu. Sie sprach und aß, aber in ihrem ganzen Wesen war etwas Totes, und ich glaubte sogar Leichengeruch zu spüren. Das Leben glimmte in ihr ebenso schwach wie das Bewußtsein, daß sie eine Gutsbesitzerin, die einst Leibeigene besessen hatte, und Generalswitwe sei, die die Dienstboten Exzellenz zu titulieren haben; wenn diese kümmerlichen Reste ihres einstigen Lebens in ihr wieder aufleuchteten, pflegte sie ihrem Sohn zu sagen:

»Jean, du hältst das Messer nicht so, wie es sich gehört!«

Oder sie wandte sich, schwer keuchend, an mich, mit der Geziertheit einer Dame, die ihren Gast unterhalten will:

»Wissen Sie, wir haben unser Gut verkauft. Es tut uns natürlich furchtbar leid, denn wir sind an diese Gegend gewöhnt, aber Dolschikow hat versprochen, Jean zum Stationschef von Dubetschnja zu machen. So werden wir von hier nicht fortziehen müssen, sondern auf der Station wohnen, und das ist genau so wie auf dem Gute. Der Ingenieur ist so gut! Finden Sie nicht auch, daß er ein schöner Mann ist?«

Die Tscheprakows lebten vor nicht langer Zeit als reiche Leute, aber nach dem Tode des Generals hatte sich alles verändert. Jelena Nikiforowna zankte sich und prozessierte mit den Nachbarn, kürzte den Angestellten und Arbeitern die Löhne und hatte immer Angst vor Dieben und Räubern; nach kaum zehn Jahren war Dubetschnja nicht mehr wiederzuerkennen.

Hinter dem großen Hause lag ein alter Garten, in dem Gras und Gesträuch verwilderten. Ich betrat die schöne und noch gar nicht baufällige Terrasse und blickte durch die Glastür ins Innere des Hauses hinein. Ich sah ein Zimmer mit Parkettfußboden, wohl einen Salon mit einem alten Klavier und Stichen in breiten Mahagonirahmen an den Wänden; sonst war nichts drin. Von den früheren Blumenanlagen waren nur Päonien und Mohn übriggeblieben, die aus dem Grase ihre weißen und grellroten Köpfe hoben. Längs der Wege wuchsen, einander drängend, junge Ahornbäume und Ulmen, die von den Kühen ordentlich angenagt waren. Das Dickicht schien undurchdringlich; so war es aber nur in der Nähe des Hauses, wo noch Pappeln, Fichten und Linden, die wohl ebenso alt wie das Haus waren, standen. Aber weiter hinaus war der Garten schon zu einer Weide ausgerodet; hier war es nicht mehr so schwül, hier bekam man nicht fortwährend Spinngewebe in den Mund und in die Augen, hier wehte ein erfrischender Wind. Und noch weiter vom Hause weg war es schon sehr geräumiger; hier standen ganz frei Kirschen-, Pflaumen- und Apfelbäume, von Stützen und Brand entstellt, und so große Birnbäume, daß man gar nicht glauben wollte, daß es Birnbäume seien. Dieser Teil des Gartens war an Obsthändlerinnen aus der Stadt verpachtet, und ein halbverrückter Bauer, der in einer Hütte wohnte, bewachte ihn vor den Staren und Dieben.

Der Garten ging dann allmählich in eine richtige Wiese über und stieg zum Flüßchen herab, das mit grünem Schilf und Weidengebüsch umwachsen war; neben dem Mühlendamme lag ein tiefer, fischreicher Teich. Die mit Stroh gedeckte Mühle rauschte wütend, und die Frösche quakten wie wahnsinnig. Auf dem glatten Wasserspiegel zogen Kreise, wenn ein Fisch die Stengel der Wasserlilien streifte. Jenseits des Flüßchens lag das Dorf Dubetschnja. Der stille blaue Teich lockte zu sich und verhieß Kühle und Ruhe. Und jetzt gehörte das alles – der Teich, die Mühle und die schönen Ufer dem Ingenieur!

Nun begann mein neuer Dienst. Ich empfing Telegramme und gab sie weiter, setzte allerlei Berichte auf und schrieb die Bestellzettel, Klagen und Rechnungen ins reine, die uns die kaum des Schreibens kundigen Poliere und Meister schickten. Den größten Teil des Tages tat ich aber nichts und ging, in Erwartung von Telegrammen, im Zimmer auf und ab; oder ich ließ einen Jungen als Aufpasser zurück und spazierte im Garten, bis der Junge mir meldete, daß der Apparat klopft. Zu Mittag aß ich bei der Frau Tscheprakow. Fleisch gab es sehr selten; meistens bekamen wir Milchspeisen und an Mittwochen und Freitagen – Fastenspeisen; an diesen Tagen standen rosa Teller auf dem Tisch, die man »Fastenteller« nannte. Frau Tscheprakowa hatte die angenehme Angewohnheit, mir immer zuzublinzeln, und in ihrer Gegenwart fühlte ich mich recht unbehaglich.

Da es nicht einmal für einen Menschen genug Arbeit gab, so tat Tscheprakow gar nichts, sondern schlief meistens oder ging mit der Flinte an den Teich, Wildenten zu schießen. An Abenden betrank er sich im Dorfe oder auf der Station, betrachtete sich dann vor dem Schlafengehen in einem kleinen Spiegel und rief sich selbst zu:

»Guten Abend, Iwan Tscheprakow!«

Wenn er betrunken war, sah er sehr blaß aus, rieb sich immer die Hände und wieherte wie ein Pferd. Manchmal zog er sich auch ganz nackt aus und lief in diesem Zustand im Felde herum. Er aß auch Fliegen und behauptete, daß sie säuerlich schmeckten.

4.

Eines Nachmittags kam er zu mir außer Atem gelaufen sagte:

»Komm, deine Schwester ist da.«

Ich ging hinaus. Vor dem großen Hause hielt tatsächlich eine Stadtdroschke. Meine Schwester war mit Anjuta Blagowo und einem Herrn in Militäruniform gekommen. Als ich näher kam, erkannte ich ihn: es war Anjutas Bruder, der Militärarzt.

»Wir sind zu Ihnen zu einem Picknick gekommen«, sagte er: »Ist es Ihnen recht?«

Meine Schwester und Anjuta wollten mich wohl fragen, wie es mir hier ginge, aber beide schwiegen und sahen mich nur an. Auch ich schwieg. Sie wußten, daß es mir hier nicht gefiel; meiner Schwester traten Tränen in die Augen, und Anjuta Blagowo wurde rot. Wir gingen in den Garten. Der Militärarzt schritt voran und rief begeistert:

»Das nenn' ich eine Luft! Heilige Mutter Gottes, ist das eine Luft!«

Er sah noch ganz wie ein Student aus. Er sprach und bewegte sich wie ein Student, und auch seine grauen Augen blickten lebhaft, einfach und offen wie bei einem guten Studenten. An der Seite seiner stattlichen und schönen Schwester erschien er schmächtig und klein; sein Bärtchen war dünn, ebenso seine nicht unangenehme Tenorstimme. Er diente bei irgendeinem Regiment und war auf Urlaub zu den Seinen gekommen. Im Herbst wollte er nach Petersburg gehen, um dort das Doktorexamen zu machen. Er hatte schon Familie – eine Frau und drei Kinder; er hatte früh, im vierten Semester, geheiratet, und in der Stadt erzählte man sich, daß es eine unglückliche Ehe sei und daß er von seiner Frau getrennt lebe.

»Wie spät ist es jetzt?« fragte meine Schwester unruhig »Wir wollen früh heimkehren, Papa erlaubte mir nur bis sechs Uhr hier zu bleiben.«

»Ach, Ihr Papa!« seufzte der Doktor.

Ich bereitete den Samowar. Auf einem Teppich vor der Terrasse des großen Hauses tranken wir Tee, der Doktor schlürfte ihn kniend aus einer Untertasse und behauptete, er fühle sich selig. Tscheprakow holte dann den Schlüssel, sperrte die Glastür auf, und wir traten alle ins Haus. Hier war es halbdunkel und geheimnisvoll, es roch nach Pilzen, und unsere Schritte hallten, als wenn sich unter dem Fußboden ein Keller befände. Der Doktor berührte stehend die Tasten des Klaviers, und dieses antwortete mit einem schwachen, zittrigen, heiseren, aber doch harmonischen Akkord; er versuchte seine Stimme und begann ein Lied, die Stirne runzelnd und geärgert mit dem Fuße stampfend, wenn irgendeine Taste versagte. Meine Schwester hatte es nicht mehr so eilig, nach Hause zurückzukehren, sondern ging erregt im Zimmer auf und ab und sprach:

»Mir ist so lustig zumute! So furchtbar lustig!«

In ihrer Stimme klang Erstaunen, als ob es ihr selbst ganz unwahrscheinlich schiene, daß sie einmal lustig sein könnte. Zum erstenmal in ihrem Leben sah ich sie so lustig. Sie sah sogar auf einmal hübscher aus. Ihr Profil war nicht schön, Nase und Mund standen hervor und hatten den Ausdruck, als ob sie vor sich bliese, sie hatte aber wunderschöne dunkle Augen, einen blassen, sehr zarten Teint und einen rührenden Ausdruck von Güte und Trauer; wenn sie sprach, schien sie recht anmutig und sogar hübsch. Wir beide, sie und ich, waren unserer Mutter nachgeraten und waren breitschultrig, kräftig und ausdauernd; aber ihre Blässe war krankhaft, sie hustete oft, und in ihren Augen beobachtete ich manchmal den Ausdruck, den die Menschen haben, die ernsthaft krank sind, es aber aus irgendeinem Grunde verheimlichen. In ihrer plötzlichen Lustigkeit lag etwas Kindliches und Naives; es war, als ob die Lustigkeit, die man in uns in unserer Kindheit durch strenge Erziehung unterdrückt hatte, jetzt in ihrer Seele erwacht und mit Gewalt zum Ausbruch gekommen wäre.

Als aber der Abend anbrach und der Wagen vorfuhr, wurde sie wieder schweigsam, klappte zusammen und setzte sich in die Droschke mit einer Miene, als ob es eine Anklagebank wäre.

Als sie alle weg waren, wurde es gleich wieder still … Mir fiel es auf, daß Anjuta Blagowo die ganze Zeit kein einziges Wort zu mir gesagt hatte.

– Ein merkwürdiges Mädchen! – dachte ich mir: – Ein merkwürdiges Mädchen!

In den Petrifasten bekamen wir tagtäglich Fastenspeisen zu essen. Der ewige Müßiggang und die Unbestimmtheit meiner Lage bedrückten mich schwer, und ich trieb mich unzufrieden mit mir selbst, faul und hungrig auf dem Gute herum und wartete nur auf eine passende Stimmung, um von hier fortzugehen.

Eines Abends, als bei uns im Seitenflügel Rettich saß, erschien plötzlich Dolschikow, braungebrannt und über und über mit Staub bedeckt. Er hatte drei Tage auf der Strecke verbracht und war nach Dubetschnja auf einer Lokomotive und von der Station zu uns zu Fuß gekommen. In Erwartung seiner Equipage, die ihn hier abholen sollte, machte er mit seinem Verwalter eine Runde durch seinen Besitz, erteilte mit lauter Stimme Befehle, saß dann eine ganze Stunde bei uns in der Kanzlei und schrieb Briefe; für ihn liefen in einem fort Telegramme ein, die er sofort selbst beantwortete. Wir drei standen vor ihm schweigend und stramm da.

»Diese Unordnung!« rief er angeekelt, in die Tagesberichte hineinschauend. »In vierzehn Tagen kommt die Kanzlei ins Stationsgebäude hinüber, und dann weiß ich wirklich nicht, was ich mit euch anfangen soll, meine Herren!«

»Ich gebe mir die größte Mühe, Euer Hochwohlgeboren«, sagte Tscheprakow.

»Ich sehe ja, wie ihr euch Mühe gebt. Ihr versteht nur, die Gehälter einzustecken«, fuhr der Ingenieur fort, mit einem Blick auf mich. »Ihr hofft immer auf Protektion, um möglichst schnell und leicht *faire la carrière*. Ich gebe aber auf Protektion gar nichts. Für mich hat sich niemand bemüht. Bevor ich diese Eisenbahn bekam, fuhr ich lange Zeit auf der Lokomotive herum und arbeitete in Belgien als einfacher Wagenschmierer. Und was machst du hier, Pantelej?« wandte er sich an Rettich. »Du trinkst wohl mit ihnen?«

Er hatte die Angewohnheit, alle einfachen Leute »Pantelej« zu nennen; solche aber wie uns, mich und Tscheprakow, verachtete er und titulierte uns hinter dem Rücken mit Sauser, Vieh und Gesindel. Gegen die kleinen Angestellten war er überhaupt grausam: er zog ihnen vom Gehalt Strafgelder ab und jagte sie ohne viele Worte aus dem Dienst.

Endlich kam seine Equipage. Beim Abschied versprach er, uns alle in vierzehn Tagen zu entlassen, nannte seinen Verwalter einen Schafskopf, setzte sich recht bequem in die Polster und fuhr in die Stadt.

»Andrej Iwanowitsch«, sagte ich zu Rettich, »nehmen Sie mich zu sich als Arbeiter.«

»Nun, von mir aus!«

Und wir gingen zusammen in die Stadt. Als die Station und das Gut weit hinter uns lagen, fragte ich ihn:

»Andrej Iwanowitsch, warum waren Sie eigentlich nach Dubetschnja gekommen?«

»Erstens, weil meine Leute hier auf der Strecke arbeiten, und zweitens mußte ich der Generalin die Zinsen zahlen. Vergangenes Jahr habe ich von ihr fünfzig Rubel geliehen und zahle ihr jetzt einen Rubel monatlich ab.«

Der Malermeister blieb stehen und nahm mich am Rockknopf.

»Missail Alexejewitsch, mein Engel«, fuhr er fort, »ich bin der Ansicht, daß jeder einfache Mann oder vornehme Herr, der auch die geringsten Zinsen nimmt, ein Verbrecher ist. In einem solchen Menschen kann die Wahrheit nicht wohnen.«

Der magere, blasse, unheimliche Rettich schloß die Augen, schüttelte den Kopf und sagte im Tone eines Philosophen:

»Läuse fressen das Gras, der Rost – das Eisen, und die Lüge – die Seele. Herr, sei uns Sündern gnädig!«

5.

Rettich war unpraktisch und verstand nicht zu rechnen; nahm viel mehr Arbeit, als er bewältigen konnte, bei der Abrechnung verlor er stets die Fassung und hatte daher fast immer Schaden. Er malte, setzte Scheiben ein, tapezierte und übernahm sogar Dachdeckerarbeiten, und ich kann mich noch erinnern, wie er manchmal wegen irgendeines ganz unbedeutenden Auftrages drei Tage lang auf der Suche nach Dachdeckern herumlief. Er war ein vorzüglicher Meister, verdiente zuweilen zehn Rubel am Tage, und wenn er nicht den Ehrgeiz hätte, unbedingt als Erster zu gelten und »Unternehmer« zu sein, so hätte er wahrscheinlich Geld gespart.

Er selbst arbeitete in Akkord und zahlte davon mir und den anderen Arbeitern siebzig Kopeken bis einen Rubel täglich. Solange es heiß und trocken war, machten wir allerlei Außenarbeiten und strichen hauptsächlich die Dächer. Ich war diese Arbeit nicht gewohnt, und meine Füße glühten, als ob ich auf einer heißen Herdplatte ginge; zog ich aber Filzstiefel an, so war es meinen Füßen wieder zu schwül. Das war aber nur in der ersten Zeit so; als ich mich gewöhnte, ging es wie geschmiert. Ich lebte jetzt unter Menschen, für die die Arbeit obligatorisch und unvermeidlich war und die wie die Lastpferde arbeiteten, oft ohne die sittliche Bedeutung der Arbeit einzusehen und selbst ohne das Wort »Arbeit« in ihren Gesprächen zu gebrauchen; in ihrer Nähe fühlte ich mich gleichfalls als ein Lastpferd, überzeugte mich immer mehr von der Notwendigkeit und Unvermeidlichkeit dessen, was ich tat, und das erleichterte mir das Leben und befreite mich von allen Zweifeln.

In der ersten Zeit interessierte mich alles, alles war mir neu, und ich fühlte mich wie neugeboren. Ich konnte auf der Erde schlafen, konnte barfuß gehen, was übrigens sehr angenehm ist; konnte, ohne jemand zu belästigen, in einem Haufen gemeinen Volkes stehen, und wenn auf der Straße ein Droschkenpferd fiel, kam ich gelaufen und half es aufheben, ohne Angst, meine Kleider zu beschmutzen. Vor allen Dingen lebte ich aber auf eigene Kosten und fiel niemand zur Last!

Das Anstreichen der Dächer, insbesondere wenn wir auch Firnis und Farbe beistellten, war ein recht einträgliches Geschäft, und selbst so gute Meister wie Rettich verachteten diese grobe und langweilige Arbeit nicht. In kurzer Hose, mit lila Beinen stolzierte er wie ein Storch auf dem Dache herum, und oft hörte ich ihn bei der Arbeit schwer seufzen und sagen:

»Wehe, wehe uns Sündern!«

Auf dem Dache spazierte er ebenso frei herum wie auf dem Fußboden. Obwohl er kränklich und blaß wie eine Leiche war, zeichnete er sich durch ungewöhnliche Gewandtheit aus; wie die jüngsten Arbeiter malte er die Kirchenkuppeln ohne jedes Gerüst, nur mit Hilfe einer Leiter und eines Strickes, und es war ein wenig unheimlich, wenn er, in der Höhe über der Erde stehend, sich in seiner ganzen Länge ausstreckte und, man wußte nicht, zu wem, sagte:

»Die Läuse fressen das Gras, der Rost – das Eisen, und die Lüge – die Seele!«

Oder wenn er laut auf seine eigenen Gedanken antwortete:

»Alles ist möglich! Alles ist möglich!«

Wenn ich von der Arbeit heimging, riefen mir alle die Ladengehilfen, Lehrjungen und ihre Herren, die vor den Türen saßen, allerlei spöttische und boshafte Bemerkungen nach; in der ersten Zeit regte mich das auf und erschien mir ungeheuerlich.

»Kleiner Nutzen!« klang es von allen Seiten. »Pinsel! Ocker!«

Niemand behandelte mich aber so grausam wie gerade diejenigen, die erst vor kurzem einfache Arbeiter gewesen waren und sich ihr Brot durch schwere Arbeit verdient hatten. Als ich einmal auf dem Markte an einer Eisenhandlung vorbeiging, schüttete man auf mich wie zufällig einen Kübel Wasser aus; ein anderes Mal warf man nach mir mit einem

Stock. Und einmal versperrte mir ein alter Fischhändler den Weg und sagte mit böser Stimme:

»Nicht du tust mir leid, Dummkopf: dein Vater tut mir leid!«

Meine Bekannten konnten aber bei der Begegnung mit mir ihre Verlegenheit kaum bemeistern. Die einen sahen mich als einen Sonderling und Hanswurst an, die anderen bemitleideten mich, die dritten aber wußten nicht, wie sie sich zu mir stellen sollten, und ich konnte sie nicht recht verstehen. Eines Tages begegnete ich in einer der Quergassen, in der Nähe unserer Großen Adelsstraße, Anjuta Blagowo. Ich ging zur Arbeit und trug zwei lange Pinsel und einen Eimer mit Farbe. Als Anjuta mich erkannte, bekam sie einen roten Kopf.

»Ich bitte Sie, mich auf der Straße nicht zu grüßen ...« sagte sie nervös, unfreundlich, mit bebender Stimme, ohne mir die Hand zu reichen, und in ihren Augen blinkten plötzlich Tränen. »Wenn Sie das alles für notwendig halten, so bleiben Sie meinetwegen dabei ... aber ich bitte Sie, begegnen Sie mir nicht!«

Ich wohnte nicht mehr in der Großen Adelsstraße, sondern in der Vorstadt Makaricha, bei meiner ehemaligen Kinderfrau Karpowna, einer gutmütigen, doch melancholischen Alten, die überall Unheil witterte, alle Träume fürchtete und selbst in den Bienen und Wespen, die manchmal in ihr Zimmer hineinflogen, üble Vorbedeutungen sah. Auch das, daß ich Arbeiter geworden war, verhieß ihrer Ansicht nach nichts Gutes.

»Verloren ist dein Kopf!« pflegte sie mit traurigem Kopfschütteln zu sagen: »Verloren ist er!«

Bei ihr wohnte ihr Pflegesohn, der Fleischer Prokofij, ein riesengroßer, plumper, rothaariger Geselle mit struppigem Schnurrbart. Wenn er mir im Hausflur begegnete, machte er mir stumm und ehrerbietig Platz; wenn er aber betrunken war, so salutierte er mir mit allen fünf Fingern. Wenn er beim Abendbrot saß, hörte ich durch den Bretterverschlag, wie er nach jedem Glase Schnaps seufzte und sich räusperte.

»Mama!« rief er mit dumpfer Stimme.

»Was ist denn?« antwortete Karpowna, die in ihren Pflegesohn verliebt war. »Was ist denn, Söhnchen?«

»Ich will Ihnen eine Gefälligkeit erweisen, Mama. In diesem irdischen Jammertal werde ich Sie bis ins hohe Alter ernähren, und wenn Sie sterben, werde ich Sie auf meine Kosten beerdigen. Was ich versprochen habe, das halte ich auch.«

Ich stand jeden Morgen vor Sonnenaufgang auf und ging immer früh zu Bett. Wir Maler aßen sehr viel, schliefen gut, hatten aber nachts immer Herzklopfen. Mit meinen Kollegen zankte ich mich niemals. Flüche und Verwünschungen wie z. B. »Die Augen sollen dir zerspringen!« oder: »Daß dich die Cholera!« verstummten zwar für keinen Augenblick, aber wir lebten doch in gutem Einvernehmen. Die anderen Gesellen hielten mich für einen Sektierer und machten ihre gutmütigen Witze darüber; sie sagten, daß selbst mein leiblicher Vater sich von mir losgesagt hätte, gestanden aber gleich darauf, daß sie selbst fast niemals in die Kirche gingen und daß viele von ihnen seit zehn Jahren nicht mehr in der Beichte gewesen waren; dieses Verhalten rechtfertigten sie damit, daß der Maler unter den Menschen dasselbe sei, was eine Dohle unter den Vögeln.

Die Gesellen achteten mich und behandelten mich mit Ehrfurcht; anscheinend gefiel es ihnen, daß ich weder trank noch rauchte und ein stilles, ordentliches Leben führte. Es berührte sie nur unangenehm, daß ich mich nicht am Stehlen von Firnis beteiligte und auch nicht am Trinkgelderpressen von den Kunden. Das Stehlen von Firnis und Farbe war bei den Malern ein alter Brauch, und selbst ein so anständiger Mensch wie Rettich brachte von der Arbeit immer etwas Firnis und Bleiweiß mit. Um Trinkgeld bettelten aber sogar ehrwürdige alte Männer, die in der Vorstadt Makaricha eigene Häuser besaßen. Es war beschämend zu sehen, wie die Arbeiter irgendeiner Null zum Beginn oder zum Abschluß der Arbeit gratulierten und wie devot sie sich für ein Trinkgeld von zehn Kopeken bedankten.

Den Kunden gegenüber benahmen sie sich wie listige Höflinge, und ich mußte jeden Tag an den Shakespeareschen Polonius denken.

»Es wird wohl regnen«, sagte der Kunde, auf den Himmel blickend.

»Es wird ganz gewiß regnen!« bestätigten die Maler.

»Es sind übrigens keine Regenwolken. Vielleicht wird es auch nicht regnen.«

»Es wird nicht regnen, Euer Wohlgeboren. Ganz gewiß nicht.«

Hinter dem Rücken behandelten sie die Kunden im allgemeinen ironisch, und wenn sie z. B. einen Herrn mit einer Zeitung auf dem Balkon sitzen sahen, spotteten sie:

»Eine Zeitung liest er, aber zu fressen hat er nichts!«

Zu den Meinen ging ich nicht. Wenn ich von der Arbeit heimkam, fand ich bei mir oft kurze, besorgte Zettel von meiner Schwester vor, in denen sie mir vom Vater berichtete: daß er beim Mittagessen auffallend nachdenklich gewesen sei und nichts gegessen habe, oder daß er im Gehen eigentümlich gestolpert wäre, oder daß er sich für lange Zeit in seinem Zimmer eingeschlossen hätte. Solche Berichte regten mich auf und raubten mir den Schlaf; manchmal ging ich sogar nachts in die Große Adelsstraße vor unser Haus, starrte in die dunklen Fenster und suchte zu erraten, wie es im Hause wohl stehen möge. Meine Schwester besuchte mich heimlich jeden Sonntag, tat aber so, als käme sie nicht zu mir, sondern zu der Kinderfrau. Wenn sie zu mir ins Zimmer trat, war sie sehr blaß, hatte rote Augen und fing gleich zu weinen an:

»Unser Vater wird es nicht überleben!« sagte sie immer: »Wenn ihm, Gott behüte, etwas zustößt, so wird dich dein Leben lang dein Gewissen quälen. Es ist entsetzlich, Missail! Im Namen unserer Mutter flehe ich dich an: bessere dich!«

»Teure Schwester«, erwiderte ich, »wie soll ich mich bessern, wenn ich überzeugt bin, daß ich nach meinem Gewissen handle? Begreife es doch!«

»Ich weiß, daß du nach deinem Gewissen handelst, vielleicht ginge es aber doch irgendwie anders, so daß du niemand Kummer machst.«

»Lieber Gott!« stöhnte die Alte hinter der Tür: »Verloren ist dein Kopf! Schlecht wird es enden!«

6.

An einem Sonntag kam zu mir ganz unerwartet Doktor Blagowo. Er trug unter seiner Sommerlitewka ein blauseidenes Hemd und hatte Lackstiefel an.

»Ich komme zu Ihnen!« begann er, und drückte mir kräftig die Hand. »Jeden Tag höre ich von Ihnen und habe immer die Absicht, mich mit Ihnen auszusprechen. In der Stadt herrscht furchtbare Langweile, es ist keine lebendige Seele da, mit der man ein Wort reden könnte. Heiß ist es, heilige Mutter Gottes!« fuhr er fort, die Litewka ausziehend. »Liebster, lassen Sie mich mit Ihnen sprechen!«

Ich langweilte mich auch selbst und sehnte mich schon längst nach der Gesellschaft von Nichtmalern. Ich freute mich aufrichtig über seinen Besuch.

»Zuallererst will ich Ihnen sagen«, fing er an, sich auf mein Bett setzend, »daß ich mit ganzer Seele mit Ihnen fühle und Ihre ganze Lebensweise achte. Hier in der Stadt versteht man Sie nicht, es ist auch niemand da, der Sie verstehen könnte; Sie wissen wohl selbst, daß es hier mit wenigen Ausnahmen nur Gogolsche Schweineschnauzen gibt. Aber ich habe Sie schon damals beim Picknick gleich durchschaut. Sie sind eine edle Seele, ein ehrlicher Idealist. Ich achte Sie und halte es für eine große Ehre, Ihre Hand drücken zu können!« fuhr er begeistert fort. »Um das Leben so radikal zu verändern, wie Sie es getan, haben Sie einen komplizierten seelischen Prozeß durchmachen müssen, und um dieses Leben fortzuführen und immer auf der Höhe Ihrer Überzeugungen zu bleiben, arbeiten Sie wohl tagaus, tagein angestrengt mit Kopf und Herz. Sagen Sie mir nun gleich zu Beginn unserer Unterredung: finden Sie nicht, daß, wenn Sie diese ganze Willenskraft, diese ganze Anspannung und Potenz auf irgend etwas anderes verwendet hätten, z. B. um mit der Zeit ein großer Gelehrter oder Künstler zu werden, Ihr Leben auch viel tiefer und in allen Beziehungen produktiver geworden wäre?«

So begann unser Gespräch, und als die Rede auf die körperliche Arbeit kam, äußerte ich folgenden Gedanken: es sei in erster Linie notwendig, daß die Starken die Schwachen nicht knechten, daß die Minderheit für die Mehrheit nicht zu einem Parasiten werde, oder zu einer Pumpe, die aus ihr chronisch die besten Säfte aussauge; mit anderen Worten, es sei notwendig, daß alle ohne Ausnahme, die Starken wie die Schwachen, die Reichen wie die Armen gleichmäßig, ein jeder für sich, am Kampfe ums Dasein teilnehmen; in dieser Beziehung gäbe es kein besseres nivellierendes Mittel als die zu einer allgemeinen, für alle obligatorischen Pflicht erhobene körperliche Arbeit.

»Nach Ihrer Ansicht müssen sich also alle mit körperlicher Arbeit befassen?« fragte der Doktor.

»Ja.«

»Glauben Sie denn nicht, daß, wenn sich alle, auch die hervorragendsten Menschen, die größten Denker und Gelehrten, am Kampfe ums Dasein beteiligen und ihre Zeit zum Steineklopfen oder Dächeranstreichen verwenden, dem Fortschritte eine große Gefahr entstehen würde?«

»Worin soll denn diese Gefahr liegen?« fragte ich. »Der Fortschritt besteht ja in den Taten der Liebe, in der Erfüllung der sittlichen Pflicht.

Wenn Sie niemand unterdrücken, wenn Sie niemand zur Last fallen, so ist das doch wahrlich ein großer Fortschritt!«

»Aber erlauben Sie einmal!« fuhr Blagowo plötzlich auf: »Erlauben Sie! Wenn die Schnecke sich in ihrem Schneckenhaus mit persönlicher Selbstvervollkommnung befaßt und im sittlichen Gesetz herumstochert, so nennen Sie das Fortschritt?«

»Warum sagen Sie herumstochert?« entgegnete ich beleidigt. »Wenn Sie Ihren Nächsten nicht zwingen, Sie zu ernähren, zu bekleiden, zu fahren, vor Ihren Feinden zu beschützen, so bedeutet denn das im Leben, das ganz auf Knechtschaft aufgebaut ist, keinen Fortschritt? Meines Erachtens ist das der echteste und wohl der für den Menschen einzig mögliche und notwendige Fortschritt.«

»Die Grenzen des allmenschlichen, weltumfassenden Fortschritts liegen in der Unendlichkeit, und von einem ›möglichen‹ von unseren Nöten und zeitlichen Anschauungen beschränkten Fortschritt zu sprechen, finde ich, entschuldigen Sie mich, sonderbar.«

»Wenn die Grenzen des Fortschritts, wie Sie sagen, in der Unendlichkeit liegen, so sind seine Ziele unbestimmt«, entgegnete ich ihm. »Wie kann man leben, ohne zu wissen, wozu man lebt!«

»Gut! Aber dieses Nichtwissen ist weniger langweilig als Ihr Wissen. Ich steige eine Leiter hinauf, die man Fortschritt, Zivilisation, Kultur nennt, ich steige immer höher, ich weiß zwar nicht bestimmt, wohin sie mich führt, aber diese herrliche Leiter macht mir schon allein das Leben lebenswert; Sie aber wissen, wozu Sie leben: damit die einen die anderen nicht unterdrücken, damit der Künstler und derjenige, der ihm die Farben reibt, das gleiche Mittagbrot essen. Das ist aber die spießbürgerliche, prosaische, graue Seite des Lebens, und für sie zu leben, ist einfach ekelhaft. Wenn die einen Insekten die anderen unterjochen, so hol sie der Teufel! Sollen sie einander fressen! Nicht an diese Geschöpfe müssen wir denken – sie werden ja sowieso, und wenn Sie sie auch von der Sklaverei retten, sterben und verfaulen; sondern, an das große X, das die Menschheit in der Zukunft erwartet.«

Blagowo widersprach mir mit großem Eifer, ich konnte ihm aber ansehen, daß ihn irgendein ganz anderer Gedanke beschäftigte.

»Ihre Schwester wird wohl nicht kommen«, sagte er nach einem Blick auf die Uhr. »Gestern war sie bei uns und sagte, daß sie heute zu Ihnen kommt. Sie sprechen immer von Sklaverei …« fuhr er fort. »Das ist aber nur eine Teilfrage, und alle solche Fragen werden von der Menschheit allmählich, ganz von selbst gelöst.«

Nun kamen wir auf die allmähliche Entwicklung zu sprechen. Ich sagte, daß die Frage, ob gut oder böse zu handeln sei, jeder Mensch für sich lösen müsse, ohne erst abzuwarten, daß die Menschheit zur Lösung dieser Frage auf dem Wege der allgemeinen Entwicklung gelange. Außerdem sei diese allmähliche Entwicklung ein zweischneidiges Schwert. Neben dem Prozesse der Entwicklung der humanen Ideen könne man auch die allmähliche Entwicklung von Ideen ganz anderer Art beobachten. Die Leibeigenschaft sei abgeschafft, dafür aber wachse der Kapitalismus immer an. Und selbst in der Zeit, wo die freiheitlichen Ideen in höchster Blüte stehen, müsse die Mehrheit ebenso wie in den Tagen des Tatarenjochs die Minderheit ernähren, kleiden und verteidigen und bleibe dabei selbst hungrig, nackt und schutzlos. Eine solche Ordnung könne sich mit beliebigen ideellen Strömungen sehr gut vertragen, denn auch die Kunst der Knechtung werde allmählich kultivierter. Wir züchtigen nicht mehr unsere Lakaien mit Ruten, aber wir verleihen der Sklaverei raffinierte Formen; jedenfalls verstehen wir es, sie in jedem Einzelfalle zu rechtfertigen. Wir halten alle die Ideen in großen Ehren, aber wenn wir jetzt im Ausgange des neunzehnten Jahrhunderts die Möglichkeit hätten, auf die Arbeiter auch unsere unangenehmsten physiologischen Verrichtungen abzuwälzen, so täten wir es und sagten dann zu unserer Rechtfertigung, daß, wenn die besten Menschen, die größten Denker und Gelehrten ihre goldene Zeit auf diese Verrichtungen verlieren würden, dem Fortschritte eine große Gefahr drohte.

Da kam aber schon meine Schwester. Als sie bei mir den Doktor erblickte, wurde sie gleich sehr unruhig und erklärte, sie müsse heim zum Vater.

»Kleopatra Alexejewna«, sagte ihr Blagowo sehr eindringlich, beide Hände ans Herz drückend: »was kann Ihrem Herrn Vater passieren, wenn Sie mit Ihrem Bruder und mir eine halbe Stunde verbringen?«

Er gab sich recht natürlich und verstand seine Lebhaftigkeit auch den andern mitzuteilen. Meine Schwester dachte eine Weile nach, wurde dann auf einmal wie damals beim Picknick lustig und fing zu lachen an. Wir gingen ins Freie, legten uns ins Gras, setzten unser Gespräch fort und blickten auf die Stadt, wo alle nach dem Westen gerichteten Fenster, in denen sich die untergehende Sonne spiegelte, wie golden aussahen.

So oft von nun an meine Schwester mich besuchte, kam sofort auch Doktor Blagowo, und sie stellten sich bei der Begrüßung so, als sei ihre Begegnung bei mir eine ganz zufällige. Meine Schwester hörte unseren Debatten mit einem andächtigen, entzückten und forschenden Gesichtsausdruck zu, und mir schien es, als ginge ihr allmählich eine ganz neue Welt auf, die sie bisher nicht mal im Traume gesehen hatte und die sie jetzt zu ergründen suchte. Kam der Doktor einmal nicht, so war sie still und traurig, und wenn es vorkam, daß sie, auf meinem Bette sitzend, weinte, so weinte sie aus persönlichen Gründen, von denen sie mir nichts erzählte.

Im August sagte uns Rettich, wir sollten uns auf die »Strancke« begeben. Zwei Tage, bevor wir aufbrachen, kam plötzlich mein Vater zu mir. Er setzte sich ohne Eile, wischte sich, ohne mich anzusehen, sein rotes Gesicht ab, holte dann aus der Tasche unseren »Stadtboten« und las mir langsam, jedes Wort betonend, die Nachricht vor, daß mein Altersgenosse, der Sohn des Reichsbankdirektors zum Abteilungschef am Rentamte ernannt worden sei.

»Und nun sieh dich an«, sagte er, die Zeitung wieder zusammenlegend, »du bist ein Bettler, ein Lump und ein Taugenichts! Selbst Leute aus dem Bauern- und Kleinbürgerstande streben nach Bildung, um irgend etwas zu werden, aber du, ein Polosnjew, du strebst nach dem Schmutz! Ich bin aber nicht hergekommen, um mich mit dir zu unterhalten. Dich habe ich schon aufgegeben«, fuhr er mit erstickter Stimme fort und stand auf. »Ich bin gekommen, um dich zu fragen, wo deine Schwester ist, du Taugenichts! Sie ist gleich nach dem Mittagessen vom Hause weggegangen, und nun ist es bald acht, und sie ist noch immer nicht da. Sie geht jetzt oft aus dem Hause, ohne mir davon auch nur ein Wort zu sagen, und ist viel weniger ehrerbietig als früher. Ich sehe darin deinen schlechten, gemeinen Einfluß. Wo ist sie?«

Er hielt den mir wohlbekannten Regenschirm in der Hand, und ich stand schon stramm wie ein Schuljunge, in der Erwartung, daß er mich wieder schlagen würde. Er bemerkte aber meinen Blick auf den Regenschirm, und das hielt ihn wahrscheinlich ab.

»Lebe wie du willst!« sagte er. »Ich nehme meinen Segen von dir.«

»Gott im Himmel!« murmelte die Kinderfrau hinter der Tür: »Dein armer, unglücklicher Kopf! Mein Herz ahnt Unheil!«

Ich arbeitete auf der Strecke. Den ganzen August regnete es und war es kalt und feucht. Das Getreide blieb auf den Feldern liegen, und auf den großen Gütern, wo man mit Maschinen mähte, lag der Weizen nicht in Schobern, sondern in Haufen, und ich erinnere mich noch, wie diese traurigen Haufen von Tag zu Tag dunkler wurden und der Weizen verdarb. Das Arbeiten fiel uns sehr schwer, weil die Regengüsse alles verdarben, was wir fertig machten. In den Stationsgebäuden zu wohnen und zu schlafen war uns verboten, und wir hausten in den schmutzigen, feuchten Erdhütten, in denen im Sommer die bewußten »Eisenbahner« gewohnt hatten. Nachts konnte ich vor Kälte nicht schlafen, und auch weil mir über Gesicht und Hände die Asseln liefen. Wenn wir aber an den Brücken arbeiteten, kamen die »Eisenbahner« Abend für Abend in ganzen Scharen, um die Maler zu verhauen: das war für sie eine Art Sport. Sie schlugen uns, stahlen uns die Pinsel und verdarben, um uns zum Streite zu provozieren, unsere Arbeit, indem sie z. B. die Wärterhäuschen mit grüner Farbe anstrichen. Um den Kelch unserer Leiden voll zu machen, fing Rettich an, uns sehr unpünktlich zu entlohnen. Alle Malerarbeiten in diesem Revier waren an einen Unternehmer vergeben worden; dieser hatte sie von sich aus einem andern übergeben, und dieser andere gab sie Rettich, wobei er sich zwanzig Prozent ausbedang. Die Arbeit war schon an sich wenig lohnend, und da kamen auch noch die Regengüsse hinzu; die Zeit verging unnütz, wir taten nichts, Rettich war aber verpflichtet, seine Arbeiter für den Tag zu bezahlen. Die hungrigen Maler drohten ihn zu verprügeln, nannten ihn einen Gauner, einen Blutsauger, einen Judas, er aber seufzte nur, hob die Hände verzweifelt zum Himmel und ging alle paar Tage zur Frau Tscheprakowa, um sich Geld zu leihen.

7.

Es kam der regnerische, schmutzige, trübe Herbst. Mit ihm kam auch die arbeitslose Zeit, und ich saß oft drei Tage hintereinander ohne Arbeit zu Hause, oder übernahm andere Arbeiten, die mit dem Malerhandwerk nichts zu tun haben; ich karrte z. B. Erde und bekam dafür ganze zwanzig Kopeken für den Tag. Doktor Blagowo war nach Petersburg verreist. Meine Schwester besuchte mich nicht mehr. Rettich lag bei sich zu Hause krank und wartete auf den Tod.

Auch meine Stimmung war recht herbstlich. Vielleicht, weil ich als Arbeiter unser Stadtleben nur von der Kehrseite sah, machte ich fast jeden Tag Entdeckungen, die mich zur Verzweiflung brachten. Diejenigen unter meinen Mitbürgern, über die ich bisher gar keine Meinung gehabt hatte oder die mir äußerlich recht anständig erschienen, stellten sich auf einmal als gemeine, grausame, jeder Niedertracht fähige Menschen heraus. Uns einfache Arbeiter belog und beschwindelte man; man ließ uns stundenlang im kalten Hausflur oder in der Küche warten, man beleidigte uns und behandelte uns roh und gemein. Im Herbst tapezierte ich in unserem Klub das Lesezimmer und noch zwei andere Zimmer; man zahlte mir sieben Kopeken für die Rolle, doch mußte ich den Empfang von zwölf Kopeken für die Rolle quittieren. Als ich mich weigerte, dies zu unterschreiben, sagte mir ein sehr anständig aussehender Herr mit goldener Brille, offenbar eines der Vorstandsmitglieder:

»Wenn du noch lange Geschichten machst, du Schurke, bekommst du die Fresse voll!«

Und als ihm ein Diener zuflüsterte, daß ich der Sohn des Architekten Polosnjew sei, wurde er verlegen, errötete, besann sich aber gleich wieder und sagte:

»Ach, hol ihn der Teufel!«

In den Läden verkaufte man uns Arbeitern verdorbenes Fleisch, faules Mehl und gefälschten Tee; in der Kirche stießen uns die Schutzleute herum, in den Krankenhäusern beuteten uns die Feldschere und die Pflegerinnen aus, und wenn wir ihnen infolge unserer Armut nichts gaben, brachten sie uns unser Essen in schmutzigem Geschirr; auf der Post hielt sich auch der kleinste Beamte für berechtigt, uns wie das Vieh zu behandeln und roh und frech anzufahren: »Was drängst du dich vor? Kannst du nicht warten?« Selbst die Hofhunde verhielten sich feindselig gegen uns und bellten uns besonders gehässig an. Was mich aber in meiner neuen Lage am meisten in Erstaunen versetzte, war der völlige Mangel an Gerechtigkeit, das, was das gemeine Volk mit »Die Leute haben Gott vergessen!« bezeichnet. Fast kein einziger Tag verging ohne Gaunerei. Uns beschwindelten die Kaufleute beim Verkauf von Firnis, die Unternehmer, die Gesellen und sogar die Kunden. Selbstverständlich waren wir ganz rechtlos und mußten um unser sauer verdientes Geld wie um Almosen betteln, ohne Mütze an der Hintertreppe stehend.

Ich tapezierte im Klub einen der neben dem Lesezimmer gelegenen Räume; eines Abends, als ich schon weggehen wollte, kam in dieses Zimmer die Tochter des Ingenieurs Dolschikow mit einem Paket Bücher in der Hand. Ich verbeugte mich vor ihr.

»Ach, guten Tag!« sagte sie, mich sofort erkennend und mir die Hand gebend. »Ich freue mich, Sie wiederzusehen.«

Sie lächelte und betrachtete etwas neugierig und verdutzt meine Arbeitsbluse, den Eimer mit dem Kleister und die auf dem Fußboden ausgebreiteten Tapeten; ich wurde verlegen, und auch sie fühlte sich wohl geniert.

»Entschuldigen Sie, daß ich Sie so anschaue«, sagte sie. »Man hat mir von Ihnen viel erzählt. Ganz besondere der Doktor Blagowo, – er ist einfach verliebt in Sie! Ich habe auch schon Ihre Schwester kennen gelernt; sie ist ein liebes, sympathisches Mädchen, aber ich konnte sie unmöglich davon überzeugen, daß in Ihrer Wandlung nichts Schreckliches ist. Im Gegenteil, Sie sind jetzt der interessanteste Mensch in dieser Stadt.«

Sie warf wieder einen Blick auf den Eimer mit dem Kleister und auf die Tapeten und fuhr fort:

»Ich habe Doktor Blagowo gebeten, mich mit Ihnen näher bekannt zu machen, er hat es aber offenbar vergessen, oder keine Zeit dazu gehabt. Wie dem auch sei, wir sind ja schon bekannt, und wenn Sie einmal ganz ungezwungen zu mir kommen wollten, wäre ich Ihnen sehr verbunden. Ich möchte so gerne mit Ihnen sprechen! Ich bin ein einfacher Mensch«, sagte sie und gab mir die Hand, »und ich hoffe, Sie werden sich bei mir recht unbefangen fühlen. Mein Vater ist nicht hier, er ist in Petersburg.«

Sie ging, mit dem Kleide rauschend, ins Lesezimmer, ich aber konnte zu Hause lange nicht einschlafen.

Im gleichen traurigen Herbst schickte mir irgendeine gute Seele, die mir anscheinend das Leben erleichtern wollte, bald etwas Tee und Zitronen, bald Gebäck und bald gebratene Rebhühner. Karpowna sagte, daß die Sachen ein Soldat bringe, aber von wem, das wisse sie nicht; der Soldat erkundigte sich aber jedesmal, ob ich gesund sei, ob ich jeden Tag zu Mittag esse und ob ich warme Kleidung habe. Als die Fröste begannen, brachte mir der gleiche Soldat einmal in meiner Abwesenheit ein gestricktes, weiches Halstuch, dem ein zarter Duft entströmte, und ich erriet sofort, wer die gute Fee war. Das Halstuch roch nach Maiglöckchen, dem Lieblingsparfüm Anjuta Blagowos.

Im Winter gab es wieder mehr zu tun, und meine Stimmung wurde lustiger. Rettich war wieder vom Tode auferstanden, und wir arbeiteten zusammen in der Friedhofskirche, wo wir die Heiligenwand vor dem Vergolden zu grundieren hatten. Das war eine ruhige, saubere und angenehme Arbeit. An einem Tage konnte man viel fertigbringen, und die Zeit verging unmerklich schnell. Dabei wurde weder geflucht, noch gelacht, noch laut gesprochen. Der Ort selbst verpflichtete zu einem wohlanständigen Benehmen und zu stillen und ernsten Gedanken. In unsere Arbeit versunken, standen und saßen wir unbeweglich wie die Statuen; es herrschte eine Totenstille, wie sie einer Friedhofskirche entspricht, und wenn irgendein Werkzeug hinfiel, oder die Flamme in einem der Lämpchen knisterte, hallten diese Töne ungemein laut, und wir sahen uns alle um. Manchmal erklang in der Stille ein Summen, wie wenn Bienen schwärmten: Priester segneten vor dem Altare eine Kinderleiche ein, oder der Maler, der in der Kuppel eine von Sternen umgebene Taube malte, fing leise zu pfeifen an und hörte erschrocken sofort wieder auf; oder Rettich antwortete mit einem Seufzer auf seine eigenen Gedanken: »Alles ist möglich! Alles ist möglich!«; oder über unseren Köpfen ertönte ein abgemessenes, dumpfes Glockengeläute, und die Maler machten gleich die Bemerkung, daß es wohl eine reiche Leiche sei, die man zu Grabe trage ...

Die Tage verbrachte ich in dieser Stille, im Dämmer der Kirche, an den langen Abenden aber spielte ich Billard oder ging ins Theater auf die Galerie in meinem neuen Trikotanzug, den ich mir für das verdiente Geld gekauft hatte. Bei den Aschogins hatten schon die Liebhaberaufführungen und Konzerte begonnen; die Dekorationen malte jetzt Rettich allein. Er erzählte mir den Inhalt der Stücke und der lebenden Bilder, die er zu sehen bekam, und ich hörte ihm ganz neidisch zu. Es zog mich sehr zu den Proben, doch ich konnte mich nicht entschließen, zu den Aschogins zu gehen.

Eine Woche vor Weihnachten kam Doktor Blagowo zurück. Wir debattierten wieder viel miteinander und spielten an den Abenden Billard. Beim Spielen zog er sich immer den Rock aus, knöpfte das Hemd auf der Brust auf und gab sich überhaupt jede Mühe, wie ein fürchterlicher Bummler auszusehen. Er trank wenig, machte aber großen Lärm und brachte es fertig, selbst in so gemeinen Lokalen wie in der »Wolga« zwanzig Rubel an einem Abend auszugeben.

Nun kam meine Schwester wieder zu mir; so oft sie sich bei mir trafen, taten sie sehr erstaunt, aber ihrem freudestrahlenden, schuldbewußten Gesicht konnte ich ansehen, daß diese Begegnungen keine zufälligen waren. Eines Abends beim Billardspiel sagte der Doktor zu mir:

»Hören Sie mal, warum besuchen Sie nie die Dolschikow? Sie kennen Maria Viktorowna nicht, sie ist aber klug und sehr nett, eine einfache, gute Seele.«

Ich erzählte ihm, wie der Ingenieur mich im Frühjahr empfangen hatte.

»Unsinn!« lachte er. »Der Ingenieur ist Ingenieur, und sie ist ganz für sich. Nein, wirklich, mein Bester, Sie dürfen sie nicht kränken, besuchen Sie sie doch einmal. Wollen wir z. B. morgen abend zusammen zu ihr gehen. Gut?«

Er überredete mich. Am andern Abend zog ich meinen neuen Trikotanzug an und begab mich in großer Erregung zu der Dolschikow. Der Diener erschien mir jetzt weniger hochmütig und schrecklich, und die Ausstattung weniger prunkvoll als an jenem Morgen, wo ich hier als Bittsteller erschienen war. Maria Viktorowna erwartete mich und begrüßte mich wie einen alten Bekannten mit kräftigem Händedruck. Sie trug ein graues Tuchkleid mit weiten Ärmeln und eine Frisur, die man bei uns, als sie ein Jahr später in Mode kam, »Hundeohren« nannte. Die Haare waren von den Schläfen über die Ohren gekämmt; das machte Maria Viktorownas Gesicht etwas breiter, und sie erschien mir diesmal ihrem Vater ähnlich, dessen breites Gesicht mit den roten Backen etwas von einem Spielzeugkutscher hatte. Sie war hübsch und graziös, sah aber nicht sehr jugendlich, etwa dreißigjährig aus, während sie in Wirklichkeit noch keine fünfundzwanzig war.

»Der liebe Doktor, wie bin ich ihm dankbar!« sagte sie, mir einen Stuhl anbietend. »Ohne ihn wären Sie doch nicht gekommen. Ich langweile mich zu Tode! Mein Vater ist fort, hat mich hier allein gelassen, und ich weiß gar nicht, was ich in dieser Stadt anfangen soll.«

Dann fragte sie mich, wo ich jetzt arbeite, wieviel ich verdiene und wo ich wohne.

»Sie leben doch nur davon, was Sie selbst verdienen?« fragte sie mich.

»Ja.«

»Sie glücklicher Mensch!« seufzte sie. »Alles Übel kommt, glaube ich, vom Müßiggang, von Langweile, von seelischer Leere, und das alles ist unvermeidlich, wenn man gewohnt ist, auf fremde Kosten zu leben. Glauben Sie nur nicht, daß ich mich interessant machen will, ich sage es Ihnen ganz aufrichtig: es ist furchtbar langweilig und unangenehm, reich zu sein. Schließlich ist auch jeder Reichtum unrecht erworben.«

Sie streifte mit einem kalten, ernsten Blick die Möbel, als wollte sie sie zählen und fuhr fort:

»Im Komfort und den sonstigen Bequemlichkeiten steckt irgendein Zauber: sie ziehen selbst einen willensstarken Menschen allmählich herein. Vater und ich lebten einst ärmlich und einfach, und nun sehen Sie, wie wir jetzt leben. Es ist doch wirklich unerhört«, sie zuckte die Achseln, »wir verleben an die zwanzigtausend Rubel im Jahre! Und das in der Provinz!«

»Den Komfort und die Bequemlichkeiten muß man als ein unvermeidliches Privileg des Kapitals und der Bildung ansehen«, sagte ich, »und ich glaube, daß man diese Bequemlichkeiten mit jeder beliebigen, selbst der schwersten und schmutzigsten Arbeit wohl vereinbaren kann. Ihr Vater ist reich, und doch hat er einst als Maschinist und als einfacher Wagenschmierer gearbeitet.«

Sie lächelte und schüttelte zweifelnd den Kopf.

»Papa ißt zuweilen auch Schwarzbrotbrei mit Kwaß«, sagte sie. »Das ist ja nur eine Laune, eine Spielerei!«

In diesem Augenblick ertönte die Klingel, und sie erhob sich.

»Die Gebildeten und die Reichen müssen ebenso arbeiten wie alle«, fuhr sie fort, »und wenn es schon einen Komfort gibt, so soll er für alle gleich sein. Es darf keine Privilegien geben! Aber lassen wir das Philosophieren. Erzählen Sie mir lieber etwas Lustiges, erzählen Sie von den Malern. Was sind das für Menschen? Sind sie sehr komisch?«

Nun kam der Doktor. Ich begann von den Malern zu erzählen. Mir fehlte aber die Übung und Unbefangenheit, und ich erzählte ernst und trocken wie ein Ethnograph. Auch der Doktor gab einige Anekdoten aus dem Handwerkerleben zum besten. Er mimte einen Betrunkenen, schwankte, weinte, stellte sich auf die Knie und legte sich sogar auf den Boden. Es war echtes Theaterspiel, und Maria Viktorowna lachte, daß ihr die Tränen kamen. Dann spielte er Klavier und sang mit seiner angenehmen hohen Tenorstimme, und Maria Viktorowna stand neben ihm, wählte ihm die Noten aus und korrigierte, wenn er Fehler machte.

»Ich hörte, Sie singen auch?« fragte ich.

»Auch!« rief der Doktor entsetzt. »Sie ist eine ganz wunderbare Sängerin, eine Künstlerin, und Sie sagen: ›auch‹, was fällt Ihnen ein …«

»Ich gab mich damit einmal ernsthaft ab«, antwortete sie auf meine Frage, »jetzt hab ich's aber vernachlässigt.«

Auf einem niedrigen Schemel hockend, erzählte sie uns von ihrem Leben in Petersburg, imitierte verschiedene berühmte Sänger und zeigte, wie sie singen; sie zeichnete in einem Album den Doktor und dann mich, sie zeichnete schlecht, aber die Bilder wurden ähnlich. Sie lachte, tollte, machte Grimassen, und das stand ihr viel besser zu Gesicht als alle die Gespräche vom unrecht erworbenen Reichtum, und ich hatte nun den Eindruck, daß sie, als sie mit mir vorhin vom Reichtum und Komfort gesprochen, es gar nicht ernst gemeint, sondern ebenfalls jemanden imitiert habe. Sie war eine ganz hervorragende Schauspielerin für komische Rollen. Ich verglich sie in Gedanken mit allen unsern jungen Mädchen, und selbst die hübsche, solide Anjuta Blagowo hielt den Vergleich mit ihr nicht aus; der Unterschied war ebenso groß wie zwischen einer schönen kultivierten Rose und einer Heckenrose.

Wir aßen zu dritt zu Abend. Der Doktor und Maria Viktorowna tranken Rotwein, Champagner und Kaffee mit Kognak; sie stießen an auf die Freundschaft, den Verstand, den Fortschritt und die Freiheit und wurden nicht berauscht. Sie waren nur rot geworden und lachten oft ohne jeden Grund, so daß ihnen die Tränen die Wangen herunterliefen. Um nicht als langweiliger Mensch zu erscheinen, trank ich auch Rotwein.

»Talentierte, reich begabte Naturen«, sagte die Dolschikowa, »wissen, wie sie zu leben haben, und gehen ihren Weg; mittelmäßige Menschen aber, wie z. B. ich, wissen nichts und können nichts; ihnen bleibt nichts anderes übrig, als irgendeine tiefe allgemeine Bewegung zu finden und mit dem Strome mitzuschwimmen.«

»Kann man denn etwas finden, was es nicht gibt?« fragte der Doktor.

»Es gibt wohl Bewegungen, wir sehen sie nur nicht.«

»Glauben Sie? Alle diese Bewegungen hat die neue Literatur erfunden. In Wirklichkeit gibt es sie bei uns nicht.«

Es entspann sich ein Streit.

»Es gibt bei uns gar keine tiefen allgemeinen Bewegungen«, sagte der Doktor, »und hat auch niemals welche gegeben. Was die neue Literatur nicht alles erfunden hat! Sie hat ja auch den intellektuellen Pionier auf dem Lande erfunden; Sie können aber alle Dörfer absuchen und werden keinen einzigen finden; höchstens einen rohen Kerl in städtischer Kleidung, der kaum des Schreibens mächtig ist. Das Kulturleben hat bei uns noch nicht angefangen. Dieselbe Wildheit, derselbe Sklavensinn wie vor fünfhundert Jahren. Bewegungen, Strömungen, – ja die gibt es wohl, aber sie sind seicht und kläglich und stets mit irgendwelchen Pfenniginteressen verbunden, – kann man denn darin etwas Ernstes sehen? Wenn Sie eine so tiefe Bewegung in der Gesellschaft gefunden zu haben glauben, der Sie folgen werden, um Ihr Leben irgendwelchen Aufgaben im modernen Geschmack, wie der Befreiung der Insekten von Sklaverei oder der Abstinenz von Fleischgenuß zu widmen, so gratuliere ich Ihnen, meine Gnädigste! Wir müssen lernen, lernen und lernen, mit den tiefen allgemeinen Bewegungen wollen wir aber noch warten: dazu sind wir noch nicht reif und verstehen auch, aufrichtig gesagt, gar nichts davon.«

»Sie verstehen es nicht, aber ich!« sagte Maria Viktorowna. »Sie sind heute, weiß Gott, wie langweilig!«

»Unsere Sache ist es, zu lernen und möglichst viel Wissen zu sammeln, denn die ernsthaften Strömungen sind nur dort, wo Wissen ist, und im Wissen liegt das Glück der künftigen Menschheit. Ich trinke auf die Wissenschaft!«

»Eines steht fest: man muß das Leben irgendwie anders einrichten«, sagte Maria Viktorowna nach einigem Nachdenken. »Das bisherige Leben ist nichts wert. Wir wollen davon lieber gar nicht reden.«

Als wir von ihr fortgingen, schlug es vom Domturm zwei Uhr.

»Hat sie Ihnen gefallen?« fragte der Doktor. »Sie ist doch sehr nett, nicht wahr?«

Am ersten Weihnachtsfeiertage aßen wir bei Maria Viklorowna zu Mittag und besuchten sie während der Ferien jeden Tag. Außer uns verkehrte niemand bei ihr, und sie hatte recht, wenn sie sagte, daß sie außer mir und dem Doktor keine Bekannten in der Stadt hätte. Wir vertrieben uns die Zeit meistens mit Gesprächen; der Doktor brachte manchmal ein Buch oder eine Zeitschrift mit und las uns etwas vor. Eigentlich war er der erste gebildete Mensch, der mir im Leben begegnete. Ich kann nicht beurteilen, ob er viel wußte, aber er zeigte bei jeder Gelegenheit seine Kenntnisse, die er auch den anderen mitteilen wollte. Wenn er von der Medizin sprach, glich er keinem unserer städtischen

Ärzte, sondern machte einen ganz neuen, eigenen Eindruck, und ich glaubte, daß er, wenn er wollte, ein echter Gelehrter werden könnte. Er war wohl der einzige Mensch, der um jene Zeit einen ernsten Einfluß auf mich ausübte. Nach den Gesprächen mit ihm und nach der Lektüre der Bücher, die er mir, zu lesen gab, begann ich allmählich ein Bedürfnis nach einem Wissen zu spüren, welches meinem eintönigen Arbeitsleben einen geistigen Inhalt geben könnte. Mir kam es schon sonderbar vor, daß ich bisher nicht gewußt hatte, daß die ganze Welt aus sechzig einfachen Körpern besteht, daß ich keine Ahnung gehabt hatte, was Firnis ist, was die Farben sind, und ich wunderte mich selbst, wie ich mich ohne diese Kenntnisse habe behelfen können. Der Verkehr mit dem Doktor hob mich auch moralisch. Ich debattierte oft mit ihm, und obwohl ich meistens bei meiner eigenen Meinung blieb, sah ich doch allmählich ein, daß mir nicht alles klar war, und ich bemühte mich, möglichst bestimmte Überzeugungen zu gewinnen, damit auch die Stimme meines Gewissens bestimmt und eindeutig sei. Trotz alledem war aber dieser gebildetste und beste Mensch unserer Stadt von der Vollkommenheit recht weit entfernt. In seinen Manieren, in seiner Angewohnheit, aus jedem Gespräch einen Streit zu machen, in seiner angenehmen Tenorstimme und selbst in seiner Freundlichkeit steckte etwas Ungehobeltes, Grobes, und wenn er seinen Rock auszog und im Seidenhemde blieb, oder wenn er dem Kellner im Gasthause ein Trinkgeld hinwarf, hatte ich jedesmal den Eindruck, daß in ihm trotz aller Kultur noch viel Tatarisches stecke.

Am Dreikönigstag reiste er wieder nach Petersburg. Er war morgens abgefahren, und am Nachmittag kam meine Schwester zu mir. Ohne Pelz und Hut abzulegen, saß sie schweigend und sehr blaß da und starrte auf einen Punkt. Sie fröstelte und tat sich sichtlich einen Zwang an.

»Du hast dich wahrscheinlich erkältet«, sagte ich.

Ihre Augen füllten sich mit Tränen, sie stand auf und ging zu der Karpowna, ohne mir auch nur ein Wort zu sagen, als hätte ich sie beleidigt. Etwas später hörte ich sie mit dem Tone eines bitteren Vorwurfs sagen:

»Kinderfrau, wozu habe ich bis jetzt gelebt? Wozu? Sage mir, habe ich nicht selbst meine Jugend verdorben? In den schönsten Jahren meines Lebens habe ich nichts anderes getan, als Ausgaben aufgeschrieben, Tee eingeschenkt, die Kopeken gezählt, Gäste unterhalten, und das alles hielt ich für das Höchste in der Welt! Kinderfrau, begreife doch, auch ich habe menschliche Bedürfnisse, auch ich möchte Leben, sie haben aber eine Schlüsselbewahrerin aus mir gemacht. Es ist entsetzlich, entsetzlich!«

Und sie schleuderte ihre Schlüssel gegen die Tür, daß sie klirrend in mein Zimmer flogen. Es waren die Schlüssel vom Büfett, vom Küchenschrank, vom Keller und vom Teekasten, die gleichen Schlüssel, die einst meine Mutter stets bei sich getragen hatte.

»Ach du lieber Gott!« entsetzte sich die Alte. »Heilige Märtyrer!«

Vor dem Weggehen kam meine Schwester zu mir ins Zimmer, um die Schlüssel aufzulesen, und sagte mir:

»Entschuldige mich, bitte. Mit mir geht in der letzten Zeit etwas Seltsames vor.«

8.

Als ich einmal spät abends von Maria Viktorowna heimkehrte, traf ich in meinem Zimmer einen jungen Polizeibeamten in nagelneuer Uniform; er saß an meinem Tisch und blätterte in einem Buch.

»Endlich!« sage er, aufstehend und sich reckend. »Ich komme schon zum drittenmal her. Der Gouverneur hat befohlen, daß Sie morgen um neun Uhr früh zu ihm kommen sollen, ganz unbedingt!«

Er ließ mich durch Unterschrift bestätigen, daß ich dem Befehl Seiner Exzellenz nachkommen werde, und ging. Dieser Abendbesuch des Polizeibeamten und die unerwartete Einladung zum Gouverneur wirkten auf mich niederschmetternd. Von frühester Kindheit an habe ich stets Angst vor allen Gendarmen, Polizisten und Gerichtsbeamten gehabt und jetzt war ich so aufgeregt, als hätte ich mir tatsächlich etwas zuschulden kommen lassen. Ich konnte gar nicht einschlafen. Auch die Kinderfrau und Prokofij waren aufgeregt und schliefen nicht. Die Alte hatte zudem Ohrenschmerzen; sie stöhnte und fing sogar einigemal zu weinen an. Als Prokofij hörte, daß ich nicht schlief, kam er leise, mit dem Lämpchen in der Hand zu mir herein und setzte sich an den Tisch.

»Sie sollten etwas Pfefferschnaps trinken«, sage er nach einiger Überlegung. »In diesem Jammertal muß man immer etwas trinken, und dann wird das Leben erträglich. Wenn man auch Mama etwas Pfefferschnaps ins Ohr gießen würde, wäre die Wirkung sicher gut«.

Gegen drei Uhr begab er sich nach dem Schlachthause, um Fleisch zu holen. Ich wußte, daß ich bis zum Morgen nicht mehr einschlafen würde, und schloß mich ihm an, um mir die Zeit bis neun Uhr zu vertreiben. Wir beide gingen mit der Laterne voraus, und sein Lehrjunge Nikolka, ein dreizehnjähriger Bengel, der blaue Frostbeulen im Gesicht hatte und wie ein richtiger Räuber aussah, fuhr im Schlitten nach und trieb mit heiserer Stimme die Pferde an.

»Ihnen steht beim Gouverneur wohl eine Bestrafung bevor«, sagte mir Prokofij unterwegs. »Es gibt eine Gouverneurswissenschaft, es gibt eine Archimandritenwissenschaft, es gibt eine Offizierswissenschaft und es gibt eine Doktorwissenschaft; jeder Stand hat seine Wissenschaft. Sie halten sich aber an Ihre Wissenschaft nicht, und das darf man Ihnen nicht erlauben.«

Das Schlachthaus befand sich hinter dem Friedhofe, ich hatte es bisher immer nur aus der Entfernung gesehen. Es waren drei von einem grauen Bretterzaun umgebene düstere Schuppen. Wenn im Sommer an heißen Tagen der Wind von dieser Seite kam, brachte er einen erstickenden Geruch mit sich. Als ich jetzt in der Dunkelheit in den Hof trat, konnte ich die Schuppen nicht sehen; ich stieß nur auf Pferde und Schlitten, die teils leer, teils schon mit Fleisch beladen waren; Männer mit Laternen gingen hin und her und fluchten abscheulich. Auch Prokofij und Nikolka fluchten, und die Luft war von Flüchen, Husten und Pferdegewieher erfüllt.

Es roch nach Kadavern und Mist. Der Schnee taute und vermischte sich mit dem Schmutz, und mir schien es im Dunkeln, daß ich in lauter Blutpfützen trete.

Nachdem wir den Schlitten mit Fleisch vollgeladen hatten, fuhren wir zum Fleischladen auf dem Markte. Der Morgen dämmerte eben. Eine nach der anderen kamen nun die Köchinnen mit ihren Einkaufskörben und auch ältere Damen in Mänteln. Prokofij stand mit dem Beil in der Hand, in weißer, blutbespritzter Schürze, fluchte, schwor, bekreuzigte sich mit einem Blick auf die Kirche und schrie so laut, daß man es auf dem ganzen Markte hören konnte, er verkaufe das Fleisch zu Selbstkosten und sogar mit Verlust. Er betrog beim Wiegen und beim Rechnen, die Köchinnen sahen es, waren aber von seinem Geschrei so betäubt, daß sie gar nicht protestierten und ihn nur einen Henker nannten. Er fuchtelte mit seinem schrecklichen Beil, nahm dabei malerische Posen an und schrie so wild, daß ich fürchtete, er würde tatsächlich jemandem den Kopf oder die Hand abhauen.

Ich verbrachte den ganzen Morgen im Fleischerladen, und als ich endlich zum Gouverneur ging, roch mein Pelzmantel nach Fleisch und Blut. Mein Gemütszustand war so, als ob ich den Befehl hätte, mit einem Spieß auf einen Bären loszugehen. Ich erinnere mich an eine hohe Treppe mit gestreiftem Teppich und an einen jungen Beamten im Frack mit glänzenden Knöpfen, der mir schweigend mit den beiden Händen auf die Tür zeigte und gleich davonlief, um mich anzumelden. Ich trat in einen Saal, dessen Ausstattung prunkvoll, aber kalt und geschmacklos war. Besonders unangenehm fielen mir die hohen schmalen Pfeilerspiegel und die grellgelben Vorhänge auf. Man sah, daß die Gouverneure wechselten, während die Ausstattung immer die gleiche blieb. Der junge Beamte zeigte wieder mit beiden Händen auf die Tür, und ich trat an einen großen grünen Tisch, an dem ein General mit dem Wladimirorden am Halse stand.

»Herr Polosnjew, ich habe Sie kommen lassen«, begann er, einen Brief in der Hand haltend und den Mund so weit und rund öffnend, daß er wie der Buchstabe O aussah. »Ich habe Sie kommen lassen, um Ihnen folgendes zu eröffnen. Ihr geehrter Herr Vater hat sich schriftlich und mündlich an den Adelsmarschall des Gouvernements gewandt und ihn gebeten, Sie vorzuladen und Ihnen vorzustellen, wie unvereinbar Ihr Benehmen mit dem Stande eines Edelmanns ist, dem anzugehören Sie die Ehre haben. Seine Exzellenz, Alexander Pawlowitsch, der mit Recht der Ansicht ist, daß Ihr Benehmen als ein schlechtes Beispiel wirken könnte und daß seine Vorstellung allein nicht genügen würde, daß vielmehr eine administrative Einmischung notwendig sei, hat mir in diesem Briefe seine Erwägungen auseinandergesetzt, die ich vollkommen teile.«

Er sprach leise, höflich, in aufrechter Haltung, als ob ich sein Vorgesetzter wäre, und blickte mich gar nicht streng an. Sein Gesicht war abgelebt, welk und von vielen Runzeln durchfurcht, unter den Augen hingen Säckchen, er färbte sich das Haar, und nach seinem Äußeren konnte man unmöglich bestimmen, ob er vierzig oder sechzig Jahre alt war.

»Ich hoffe«, sagte er fortfahrend, »Sie werden den Takt des verehrten Alexander Pawlowitsch zu schätzen wissen, der sich an mich nicht offiziell, sondern mit einem privaten Briefe gewandt hat. Auch ich habe

Sie nicht offiziell vorgeladen und spreche mit Ihnen nicht als Gouverneur, sondern als aufrichtiger Verehrer Ihres Herrn Vaters. Ich bitte Sie also, entweder Ihr Benehmen zu ändern und sich den Pflichten Ihres Standes zuzuwenden, oder, zur Vermeidung von Ärgernis an einen anderen Ort zu ziehen, wo man Sie nicht kennt und wo Sie sich beschäftigen können, womit Sie wollen. Im anderen Falle müßte ich die äußersten Maßregeln ergreifen.«

Eine halbe Minute blieb er noch mit offenem Munde stehen und sah mich an.

»Sind Sie Vegetarier?« fragte er.

»Nein, Exzellenz, ich esse Fleisch.«

Er setzte sich und zog irgendein Papier zu sich heran; ich verbeugte mich und ging.

Vor dem Essen lohnte es nicht mehr, zur Arbeit zu gehen. Ich begab mich nach Hause, um auszuschlafen, konnte aber keinen Schlaf finden, da mich der Aufenthalt auf dem Schlachthofe und die Unterredung mit dem Gouverneur in eine unangenehme, krankhafte Stimmung versetzt hatten. Ich wartete bis zum Abend und ging verstimmt und in düsterer Stimmung zu Maria Viktorowna. Ich erzählte ihr von meinem Besuch beim Gouverneur. Sie sah mich erstaunt, beinahe ungläubig an und lachte plötzlich so lustig und laut auf, wie es nur gutmütige, zum Lachen aufgelegte Menschen können.

»Wenn man das in Petersburg erzählen würde!« sagte sie, sich vor Lachen schüttelnd. »Wenn man das in Petersburg erzählen würde!«

9.

Jetzt sahen wir uns sehr oft, manchmal zweimal am Tage, Sie kam fast jeden Nachmittag auf den Friedhof gefahren und vertrieb sich die Zeit, bis ich mit meiner Arbeit fertig war, mit dem Lesen der Inschriften auf den Kreuzen und Grabsteinen. Manchmal kam sie auch in die Kirche, stand neben mir und sah meiner Arbeit zu. Die Stille, die naive Arbeit der Maler und Vergolder, die tiefsinnige Bemerkungen Rettichs, auch daß ich mich äußerlich von den anderen Handwerkern durch nichts unterschied und ebenso wie sie in Hemdsärmeln und Pantoffeln arbeitete, und daß sie mich alle duzten, – das kam ihr alles neu und rührend vor. Einmal rief mir in ihrer Gegenwart der Maler, der in der Kuppel die Taube malte, zu:

»Missail, bring mir mal Bleiweiß herauf!«

Ich brachte ihm das Bleiweiß, und als ich nachher das schwankende Gerüst herunterstieg, sah sie mich zu Tränen gerührt und lächelnd an.

»Wie nett Sie doch sind!« sagte sie mir.

Ich hatte von meiner Kindheit her in Erinnerung, wie bei einem unserer reichen Bürger ein grüner Papagei aus seinem Käfig hinausgeflogen war und wie der schöne Vogel einen ganzen Monat einsam und obdachlos durch die ganze Stadt von Garten zu Garten flatterte. Maria Viktorowna erinnerte mich an diesen Vogel.

»Der Friedhof ist jetzt der einzige Ort, wo ich noch hin gehen kann«, sagte sie mir lachend. »Die Stadt widert mich an. Bei den Aschogins wird deklamiert, gesungen und gelispelt, und ich kann sie gar nicht mehr verdauen; Ihre Schwester ist furchtbar menschenscheu, Fräulein Blagowo haßt mich aus irgendeinem Grunde, und das Theater liebe ich nicht. Was soll ich also anfangen?«

Wenn ich zu ihr kam, roch ich nach Farbe und Terpentin, meine Hände waren dunkel, – und das gefiel ihr; sie wollte, daß ich zu ihr nicht anders als in meinem gewöhnlichen Arbeitskleide käme; aber in ihrem Salon fühlte ich mich in dieser Kleidung doch unbehaglich und verlegen, wie wenn ich eine Uniform anhätte, und darum zog ich jedesmal, bevor ich zu ihr ging, meinen neuen Trikotanzug an. Und das mißfiel ihr.

»Gestehen Sie es nur, Sie haben sich in Ihre neue Rolle noch nicht ganz hineingefunden«, sagte sie mir einmal. »Der Arbeitsanzug geniert Sie, Sie fühlen sich unbehaglich darin. Sagen Sie, kommt es vielleicht daher, daß Sie sich noch nicht ganz sicher und befriedigt fühlen? Kann Ihnen überhaupt diese Arbeit, die Sie sich gewählt haben, diese Malaria Befriedigung geben?« fragte sie lachend. »Ich weiß, daß der Anstrich die Gegenstände schöner und dauerhafter macht, aber alle diese Gegenstände gehören doch schließlich den reichen Städtern und sind Luxusgegenstände. Außerdem haben Sie selbst mehr als einmal gesagt, daß jeder Mensch sich das Brot mit eigenen Händen verdienen soll. Sie verdienen aber Geld und nicht Brot. Warum halten Sie sich nicht an den buchstäblichen Sinn Ihrer Worte? Man soll sich sein Brot verdienen, d. h. man soll pflügen, säen, mähen, dreschen oder auch etwas anderes tun, was in unmittelbarer Beziehung zur Landwirtschaft steht, z. B. Kühe hüten, Erde graben, Häuser zimmern …«

Sie öffnete ein hübsches Schränkchen, das neben ihrem Schreibtische stand, und sagte:

»Das alles sage ich Ihnen, weil ich Sie in mein Geheimnis einweihen möchte. Voilà! Das ist meine landwirtschaftliche Bibliothek. Hier ist Feld, Gemüse- und Obstgarten, Viehhof und Imkerei. Ich lese mit Heißhunger und habe schon alle die Theorien erfaßt. Mein sehnlichster Wunsch ist, sowie es März wird, nach Dubetschnja zu gehen. Dort ist es herrlich, wunderbar! Nicht wahr? Im ersten Jahr werde ich nur zuschauen und mich gewöhnen, im nächsten Jahr aber tüchtig arbeiten, ohne mich zu schonen. Papa hat mir Dubetschnja zum Geschenke versprochen, und ich werde dort alles machen, was ich will.«

Ganz rot und erregt, lachend und beinahe weinend, phantasierte sie laut, wie sie in Dubetschnja leben wollte und was das für ein interessantes Leben werden würde. Ich aber beneidete sie. Der März stand schon vor der Tür, die Tage wurden immer länger, an heiteren, sonnigen Nachmittagen tropfte es von den Dächern, und es roch nach Frühling; auch ich hatte Lust, aufs Land zu gehen.

Als sie mir sagte, daß sie nach Dubetschnja ziehen wollte, stellte ich mir lebhaft vor, wie ich nun in der Stadt allein bleiben würde, und ich wurde auf den Bücherschrank und auf die Landwirtschaft eifersüchtig. Ich kannte und liebte die Landwirtschaft nicht und wollte ihr schon sagen, daß die Landwirtschaft eine Beschäftigung für Sklaven sei, aber da fiel mir ein, daß auch mein Vater schon einen ähnlichen Gedanken geäußert hatte, und sagte darum nichts.

Die großen Fasten brachen an. Aus Petersburg kam der Ingenieur Viktor Iwanowitsch gefahren, dessen Existenz ich ganz vergessen hatte. Er kam unerwartet und hatte nicht einmal telegraphiert. Als ich wie gewöhnlich am Abend hinkam, ging er frisch gewaschen und frisiert, um mindestens zehn Jahre verjüngt, im Salon auf und ab und erzählte etwas; seine Tochter kniete vor seinen Koffern, packte Schachteln, Flakons und Bücher aus und reichte sie dem Diener Pawel. Als ich den Ingenieur erblickte, trat ich unwillkürlich einen Schritt zurück, er aber streckte mir beide Hände entgegen, lächelte, wobei er seine weißen, kräftigen Kutscherzähne zeigte, und sagte:

»Da ist er ja, da ist er ja! Ich freue mich sehr, Sie zu sehen! Mascha hat mir alles erzählt, sie hat eine wahre Lobhymne auf Sie gesungen.

Ich verstehe Sie vollkommen und billige alles!« fuhr er fort, mich beim Arm nehmend. »Es ist viel klüger und ehrlicher, ein anständiger Arbeiter zu sein, als ärarisches Papier zu beschmieren und eine Beamtenmütze zu tragen. Ich selbst habe mit diesen Händen in Belgien gearbeitet und bin dann zwei Jahre Maschinist gewesen ...«

Er hatte einen kurzen Hausrock und Hausschuhe an und ging etwas wacklig, wie wenn er das Podagra hätte. Er rieb sich die Hände, summte ein Liedchen und strahlte vor Vergnügen, daß er endlich nach Hause zurückgekehrt war und seine geliebte Dusche genommen hatte.

»Es ist wahr«, sagte er mir beim Abendessen, »es ist wahr, daß ihr alle angenehme und sympathische Menschen seid; aber sobald ihr die körperliche Arbeit ergreift oder mit der Rettung des Bauernstandes beginnt, wird bei euch alles zu einer Sektiererei. Sind Sie denn kein Sektierer? Sie trinken ja keinen Schnaps. Ist das vielleicht keine Sektiererei?«

Um ihm das Vergnügen zu machen, trank ich Schnaps. Ich trank auch Wein. Wir probierten Käse, Wurst, Pasteten und alle möglichen Delikatessen, die der Ingenieur mitgebracht hatte, und die Weine, die in seiner Abwesenheit aus dem Auslande gekommen waren. Die Weine waren vorzüglich. Der Ingenieur brauchte aus irgendeinem Grunde für die ausländischen Weine und Zigarren keinen Zoll zu zahlen; den Kaviar schickte ihm jemand umsonst zu, und auch seine Wohnung kostete ihm nichts, da der Hausbesitzer das Petroleum für die Eisenbahn lieferte: er und seine Tochter machten auf mich überhaupt den Eindruck, als stünde alles Gute, was es in der Welt gibt, zu ihrer Verfügung und zwar kostenlos.

Ich setzte meinen Verkehr bei ihnen fort, doch mit geringerer Lust. Der Ingenieur genierte mich, und in seiner Gegenwart fühlte ich mich wie gefesselt. Ich konnte den Blick seiner heiteren, unschuldigen Augen nicht ertragen, seine Betrachtungen widerten mich an; ebenso qualvoll war mir auch die Erinnerung, daß ich erst vor kurzem von diesem satten, rotbackigen Menschen abhängig war und daß er mich so furchtbar grob behandelt hatte. Jetzt nahm er mich zwar oft um die Taille, klopfte mir freundschaftlich auf die Schulter, lobte meine Lebensweise, aber ich fühlte, daß er mich nach wie vor verachtete und nur seiner Tochter zuliebe bei sich duldete; ich konnte nicht mehr lachen und auch nicht mehr sprechen, was ich wollte; ich war scheu und schüchtern und wartete immer, daß er mich ebenso wie seinen Diener

Pawel mit »Pantelej« anreden würde. Wie empörte sich mein provinzieller, bürgerlicher Stolz! Ich, ein Proletarier und Malergeselle besuchte jeden Tag diese reichen, mir fremden Leute, die von der ganzen Stadt als vornehme Ausländer angesehen wurden, und trank bei ihnen jeden Tag teure Weine und aß ungewöhnliche Speisen, – damit wollte sich mein Gewissen nicht abfinden! Wenn ich zu ihnen ging, vermied ich es, die Menschen, denen ich begegnete, anzusehen, und blickte mürrisch drein, als wäre ich wirklich ein Sektierer; und wenn ich vom Ingenieur nach Hause ging, schämte ich mich meiner Sattheit.

Vor allen Dingen fürchtete ich, in den Bann Maria Viktorownas zu geraten. Ob ich auf der Straße ging, ob ich arbeitete oder ob ich mit den anderen Arbeitern sprach, dachte ich immer nur an den bevorstehenden Besuch bei ihr und stellte mir ihre Stimme, ihr Lachen und ihren Gang vor. Bevor ich zu ihr aufbrach, stand ich jedesmal lange vor dem elenden Spiegel der Kinderfrau und band meine Krawatte; mein Trikotanzug schien mir häßlich, ich litt darunter und verachtete mich zugleich wegen dieser Kleinlichkeit. Manchmal rief sie mir aus einem der Nebenzimmer zu, daß sie noch nicht fertig sei und daß ich warten möchte; ich hörte, wie sie sich ankleidete, das regte mich auf, und mir war es, als senke sich der Boden unter meinen Füßen. Und wenn ich auf der Straße, selbst in der Ferne eine weibliche Gestalt sah, stellte ich unbedingt Vergleiche an; mir schien es, daß alle unsere Frauen und Mädchen vulgär und geschmacklos gekleidet seien und sich nicht zu benehmen verstünden; und diese Vergleiche machten mich stolz: Maria Viktorowna ist doch schöner als alle! Nachts aber sah ich sie und mich im Traume.

Eines Abends verzehrten wir zu dritt einen ganzen Hummer. Auf dem Heimwege fiel mir ein, daß der Ingenieur mich beim Abendessen zweimal »mein Bester« angeredet hatte, und ich sagte mir, daß man mich in diesem Hause nur wie einen großen, unglücklichen Hund behandle, der seinen Herrn verloren habe, daß man sich über mich amüsiere und mich wegjagen würde, wenn man meiner überdrüssig geworden wäre. Ich schämte mich und fühlte solchen Schmerz, daß ich beinahe weinen mußte; mir war es so zumute, als hätte man mich schwer beleidigt, und ich schwor, mit einem Blick auf den Himmel, allem ein Ende zu machen.

Am anderen Tage ging ich nicht mehr zu den Dolschikows. Am späten Abend, als es sehr dunkel war und in Strömen regnete, ging ich durch die Große Adelsstraße und sah zu den Fenstern hinauf. Bei den Aschogins schlief man schon, und nur eines der äußersten Fenster war noch erleuchtet; die alte Frau Aschogina stickte wohl noch beim Scheine dreier Kerzen und bildete sich ein, mit den Vorurteilen zu kämpfen. Im Hause meines Vaters war alles dunkel, und bei den Dolschikows gegenüber brannte Licht, aber die Blumen und die Vorhänge an den Fenstern ließen nicht hineinsehen. Ich ging im kalten Märzregen immer auf und ab. Ich sah meinen Vater aus dem Klub heimkommen; er klopfte ans Tor, und nach einer Weile erschien in einem der Fenster Licht, und ich sah meine Schwester, die mit der Lampe öffnen ging und im Gehen mit der einen Hand ihr reiches Haar in Ordnung brachte. Mein Vater ging dann im Wohnzimmer auf und ab, erzählte etwas und rieb sich die Hände, meine Schwester saß aber unbeweglich in einem Sessel und schien an etwas zu denken, ohne ihm zuzuhören.

Nun gingen sie schlafen, und das Licht erlosch … Ich blickte mich nach dem Hause des Ingenieurs um, – auch hier war schon alles dunkel. Im Finstern, vom Regen durchnäßt, fühlte ich mich auf einmal hoffnungslos einsam und verlassen, fühlte, wie nichtig und kleinlich alle meine Sorgen, Wünsche, Gedanken und Worte im Vergleich zu dieser Einsamkeit waren, im Vergleich zu diesem echten Schmerz und den Qualen, die mir noch bevorstanden. Alles, was die lebenden Wesen tun und denken, ist leider lange nicht so bedeutend wie das, was sie leiden. Ohne mir über mein Tun Rechenschaft abzulegen, zog ich aus aller Kraft an der Hausklingel des Ingenieurs, riß den Draht ab und rannte wie ein Schuljunge davon, von der Angst getrieben, daß jemand herauskommen und mich erkennen würde. Als ich am Ende der Straße stehenblieb, um mich zu verschnaufen, hörte ich nur den Regen rauschen, und irgendwo in der Ferne den Nachtwächter auf sein Eisenbrett hämmern.

Eine ganze Woche ging ich nicht zu den Dolschikows. Mein Trikotanzug war schon verkauft. Malerarbeit gab's nicht mehr, ich hungerte wieder und verdiente mir zehn bis zwanzig Kopeken am Tage durch schwere unangenehme Gelegenheitsarbeit. Bis zu den Knien im kalten Schmutz watend, alle meine Kräfte anspannend, wollte ich die Erinnerung niederringen und rächte mich gleichsam für alle die Käse und Konserven, die ich beim Ingenieur genossen hatte; aber sobald ich mich ins Bett legte, fing meine sündige Phantasie an, nur herrliche, verführerische Bilder zu malen, und ich gestand mir mit Erstaunen, daß ich liebte, leidenschaftlich liebte. Ich versank dann in einen festen und gesunden Schlaf, und es war mir, als ob die schwere Arbeit meinen Körper kräftiger und jünger machte.

Eines Abends fing es unnötigerweise zu schneien an, und vom Norden her blies es, als ob der Winter wiederkommen wollte. Als ich ab diesem Abend von meiner Arbeit heimkehrte, traf ich in meinem Zimmer Maria Viktorowna. Sie saß im Pelzmantel, beide Hände im Muff.

»Warum kommen Sie nicht mehr zu mir?« fragte sie und richtete ihre klugen, hellen Augen auf mich. Ich aber war ganz wirr vor Freude und stand vor ihr stramm wie vor meinem Vater, wenn er mich schlagen wollte; sie sah mir ins Gesicht, und ich konnte in ihren Augen lesen, daß ihr der Grund meiner Verwirrung klar war.

»Warum kommen Sie nicht mehr zu mir?« fragte sie wieder. »Da Sie nicht kommen wollen, so bin ich selbst gekommen.«

Sie stand auf und trat ganz dicht an mich heran.

»Verlassen Sie mich nicht«, sagte sie, und ihre Augen füllten sich mit Tränen. »Ich bin einsam, ganz einsam.«

Sie fing zu weinen an und sagte, das Gesicht im Muff verbergend:

»Ganz einsam! Mein Leben ist schwer, furchtbar schwer, und ich habe auf der ganzen Welt niemand außer Ihnen. Verlassen Sie mich nicht!«

Sie suchte ihr Taschentuch, um die Tränen zu trocknen, und lächelte; eine Weile schwiegen wir; dann umarmte und küßte ich sie, wobei ich mir die Wange an der Nadel blutig ritzte, mit der ihre Pelzmütze befestigt war.

Und wir sprachen dann so miteinander, als ob wir uns schon lange nahe stünden.

10.

Nach zwei Tagen schickte sie mich nach Dubetschnja, und ich war unsagbar froh darüber. Als ich zum Bahnhof ging und dann in der Eisenbahn saß, lachte ich ohne jeden Grund, und die Leute schauten mich an wie eine Betrunkenen. Es schneite noch und es gab auch noch Morgenfröste, aber die Straßen waren schon dunkel und über ihnen flogen krächzend die Krähen.

Anfangs wollte ich für uns eine Wohnung im Seitenflügel einrichten, dem Flügel der Frau Tscheprakowa gegenüber; es zeigte sich aber, daß darin seit langer Zeit Tauben und Enten nisteten, so daß es unmöglich war, ihn zu säubern, ohne eine Menge Nester zu zerstören. Ob wir wollten oder nicht, wir mußten uns in den ungemütlichen Zimmern des Hauptgebäudes mit den Jalousien einrichten. Die Bauern nannten dieses Haus ein Palais; es waren über zwanzig Zimmer darin, an Möbeln gab es aber nur das Klavier und einen Kinderstuhl, der auf dem Dachboden lag; wenn Mascha sogar alle ihre Möbel aus der Stadt hergebracht hätte, wäre es uns doch nicht gelungen, diesen kalten und unfreundlichen Eindruck zu beseitigen. Ich wählte drei kleinere Zimmer mit den Fenstern auf den Garten und arbeitete vom frühen Morgen bis spät in die Nacht hinein an ihrer Herrichtung: ich setzte neue Scheiben ein, tapezierte die Wände und flickte die Ritzen und Löcher im Fußboden. Es war eine leichte und angenehme Arbeit. Jeden Augenblick lief ich an den Fluß, um zu sehen, ob der Eisgang noch nicht angefangen hätte, und es kam mir immer vor, als wenn die Stare schon da wären. Nachts dachte ich aber mit einem unsagbar süßen Gefühl, mit einer Freude, die mir den Atem benahm, an Mascha und lauschte dem Getue der Ratten und dem Heulen des Windes; es klang so, als ob auf dem Dachboden der alte Hausgeist hustete.

Der Schnee lag tief; Ende März war noch sehr viel Schnee gefallen, aber er taute unheimlich schnell wie auf den Wink eines Zauberers. Die Frühjahrsgewässer rauschten wild vorüber, und Ende April lärmten schon die Stare und flatterten gelbe Schmetterlinge. Das Wetter war herrlich. Jeden Tag ging ich Mascha entgegen, und es war mir ein Hochgenuß, barfuß auf den trocknenden, noch weichen Boden zu treten. Auf halbem Wege setzte ich mich und sah zur Stadt hinüber; ich konnte mich nie entschließen, ganz nahe heranzukommen. Ihr Anblick machte mich verlegen. Ich fragte mich immer: was werden meine Bekannten zu meiner Liebe sagen? Was wird mein Vater sagen? Besonders verlegen machte mich der Gedanke, daß mein Leben nun kompliziert wurde, daß ich die Fähigkeit, es selbst zu leiten, verlor, und daß es mich wie ein Luftballon Gott weiß wohin entführte. Ich dachte nicht mehr daran, wie ich mir meinen Unterhalt verdienen könnte, wie ich leben sollte; woran ich dachte, das weiß ich nicht mehr.

Mascha kam im Wagen gefahren; ich setzte mich zu ihr, und wir fuhren zusammen froh und frei nach Dubetschnja. Manchmal wartete ich auch bis zum Sonnenuntergang und kehrte unzufrieden, mißgestimmt zurück, weil Mascha nicht gekommen war; vor dem Tore des Gutes oder im Garten erwartete mich aber ein liebes Gesicht – es war Mascha! Und es stellte sich heraus, daß sie diesmal mit der Bahn gekommen und von der Station zu Fuß gegangen war. Diese Freude! In einem ganz einfachen Wollkleide, im Kopftuch, mit einem ganz bescheidenen Sonnenschirm, doch geschnürt, elegant, in teuren ausländischen Stiefelchen, erschien sie mir als eine begabte Schauspielerin, die eine bescheidene Kleinbürgerin spielte. Wir besahen uns unsere Wirtschaft und bestimmten, wie wir die Zimmer einteilen, wo nur Alleen, den Gemüsegarten und die Imkerei anlegen werden. Wir hatten schon eigene Hühner, Enten und Gänse, die wir liebten, weil sie uns gehörten. Wir hatten auch Hafer, Klee, Wiesengras, Buchweizen und Gemüsesamen für die Saat bereit und berechneten ausführlich, wie groß der Ertrag sein konnte, und alles, was Mascha mir sagte, erschien mir ungemein klug und schön. Es war die glücklichste, Zeit meines Lebens.

Bald nach Ostern ließen wir uns in der Dorfkirche von Kurilowka, drei Werst von Dubetschnja trauen. Mascha wollte alles möglichst einfach haben; auf ihren Wunsch hatten wir als Brautführer Bauernburschen genommen, bei der Trauung sang nur der Küster, und aus der Kirche fuhren wir in einem kleinen holprigen Landwagen, den sie selbst kutschierte. Aus der Stadt war nur meine Schwester Kleopatra gekommen, der Mascha drei Tage vor der Hochzeit eine Einladung geschickt hatte. Meine Schwester hatte ein weißes Kleid und Handschuhe an. Während der Trauung weinte sie leise vor Rührung und Freude, und ihr Gesichtsausdruck war mütterlich und unendlich gütig. Sie berauschte sich an unserem Glück und lächelte, wie wenn sie ein süßes Gift atmete. Als ich sie während der Trauung ansah, begriff ich, daß es für sie auf der Welt nichts Höheres gab als die Liebe, die irdische Liebe, und daß sie heimlich, scheu, doch unaufhörlich und leidenschaftlich von ihr träumte. Sie umarmte und küßte Mascha, sie wußte gar nicht, wie ihrem Entzücken Ausdruck zu geben, und sagte immer wieder von mir:

»Er ist gut! Er ist so gut!«

Vor ihrer Abfahrt zog sie sich um und führte mich in den Garten, um mit mir unter vier Augen zu sprechen.

»Der Vater ist sehr betrübt, daß du ihm nichts geschrieben hast«, sagte sie. »Du hättest ihn um seinen Segen bitten sollen. Aber im Grunde genommen, ist er sehr zufrieden. Er sagt, daß diese Heirat dich in den Augen der ganzen Gesellschaft heben wird und daß du unter dem Einflusse Maria Viktorownas lernen wirft, das Leben ernsthafter zu betrachten. Abends sprechen wir jetzt oft von dir, und gestern sagte er sogar: ›Unser Missail‹. Das freute mich sehr. Anscheinend hat er irgend etwas vor, und ich glaube, daß er dir ein Beispiel von Großmut geben und den ersten Schritt zur Versöhnung machen will. Es ist sehr möglich, daß er dieser Tage zu euch herauskommt.«

Sie bekreuzigte mich einige Male und sagte:

»Nun, Gott mit dir, sei glücklich. Anjuta Blagowo ist ein kluges Mädchen, und sie meinte anläßlich deiner Heirat, daß Gott dir eine neue Prüfung geschickt hat. Gewiß. Im Eheleben gibt es natürlich nicht nur Freuden, es gibt auch Leiden. Ohne Leiden geht es eben nicht.«

Mascha und ich begleiteten sie drei Werst zu Fuß; dann gingen wir langsam und schweigend, gleichsam ausruhend zurück. Mascha hielt mich bei der Hand, mir war es so leicht ums Herz, und ich hatte nicht mehr das Bedürfnis, von der Liebe zu sprechen; nach der Trauung fühlten wir uns noch enger aneinander gebunden und glaubten, daß nichts in der Welt uns trennen könnte.

»Deine Schwester ist ein sympathisches Mädchen«, sagte Mascha, »aber sie macht den Eindruck, als hätte man sie lange gequält. Dein Vater ist wohl ein schrecklicher Mensch.«

Ich begann ihr zu erzählen, wie man mich und meine Schwester erzogen hatte und wie qualvoll unsere Kindheit gewesen war. Als sie hörte, daß mein Vater mich vor nicht langer Zeit zu schlagen pflegte, fuhr sie zusammen und schmiegte sich an mich.

»Sprich nicht mehr davon«, sagte sie. »Es ist so entsetzlich.«

Jetzt verließ sie mich nicht mehr. Wir bewohnten im großen Hause drei Zimmer und sperrten jeden Abend die Türe, die zu dem leeren Teile des Hauses führte, fest ab, als ob dort jemand wohnte, den wir nicht kannten aber fürchteten. Ich stand jeden Morgen mit der Sonne auf und machte mich sofort an irgendeine Arbeit. Ich reparierte die Wagen, legte im Garten Wege und Beete an und strich das Dach auf dem Hause. Als die Zeit der Hafersaat kam, versuchte ich zu ackern, zu eggen, zu säen und machte alles gewissenhaft, ohne hinter dem Knecht zurückzubleiben; ich überanstrengte mich, vom Regen und vom schneidenden kalten Wind schmerzten mir Gesicht und Füße, und in der Nacht träumte ich vom geackerten Feld. Die Feldarbeit aber reizte mich wenig. Ich verstand nichts von der Landwirtschaft und liebte sie nicht; vielleicht aus dem Grunde, weil meine Ahnen keine Ackerbauer gewesen waren und in meinen Adern reines Städterblut floß. Für die Natur hatte ich eine zärtliche Liebe, ich liebte die Felder, die Wiesen und die Gärten, aber der Bauer, der mit dem Pfluge die Erde umwendet, sein unglückliches Pferd antreibt, der zerlumpte, schweißtriefende Bauer mit dem gereckten Hals war für mich immer der Ausdruck einer rohen, wilden, häßlichen Kraft, und wenn ich seinen plumpen Bewegungen zusah, mußte ich jedesmal an die längst vergangenen, legendären Zeiten denken, als die Menschen noch nicht den Gebrauch des Feuers kannten. Der mürrische Stier, der mit der Herde mitging, die Pferde, die, mit den Hufen schlagend, durch das Dorf rannten, machten mir Angst, und alles, was irgendwie groß, stark und böse war, der Schafbock mit seinen Hörnern, der Gänserich oder der Kettenhund erschienen mir als der Ausdruck der gleichen rohen, wilden Kraft. Dieses Vorurteil war in mir bei schlechtem Wetter ganz besonders stark, wenn über dem schwarzen Acker schwere Wolken hingen. Wenn ich aber pflügte oder säte, und zwei oder drei Menschen dabeistanden und zusahen, wie ich es machte, hatte ich nicht die Überzeugung, daß diese Arbeit unvermeidlich und obligatorisch sei, und sie erschien mir als ein Spiel. Darum zog ich es vor, irgend etwas im Hofe zu machen, und nichts gefiel mir so sehr, als das Dach anzustreichen.

Durch den Garten und den Heuschlag ging ich nach unserer Mühle. Ein Bauer aus Kurilowka, namens Stepan, hatte sie in Pacht. Es war ein hübscher sonnenverbrannter Kerl von athletischem Aussehen mit dichtem schwarzem Bart. Die Müllerarbeit liebte er nicht und hielt sie für langweilig und wenig einträglich; auf der Mühle wohnte er aber, nur um nicht zu Hause zu wohnen. Er war Sattler und roch stets angenehm nach Pech und Leder. Er unterhielt sich nicht gern, war träge und unbeweglich und sang immerzu, am Ufer oder an der Schwelle sitzend. Manchmal kamen seine Frau und seine Schwiegermutter aus Kurilowka zu ihm herüber; beide hatten weiße Gesichter und waren sanft und zärtlich; sie verbeugten sich vor ihm und titulierten ihn mit »Sie« und »Stepan Petrowitsch«. Er aber erwiderte ihre Verbeugung weder mit einem Wort noch mit einer Bewegung, sondern setzte sich abseits ans Ufer und sang weiter. Eine ganze Stunde, oder auch zwei Stunden vergingen im Schweigen. Die Schwiegermutter und die Frau tuschelten erst leise miteinander, standen auf, blickten ihn einige Zeit an, und warteten, ob er sich nicht umsehen würde; dann verneigten sie sich tief und sagten mit süßen singenden Stimmen:

»Leben Sie wohl, Stepan Petrowitsch!«

Und sie gingen heim. Wenn sie fort waren, hob Stepan das Bündel mit den Brezeln über dem Hemd, das sie zurückgelassen hatten, auf und sagte, mit den Augen in die Richtung weisend, in der sie gegangen waren:

»Ja, die Frauenzimmer!«

Die Mühle hatte zwei Gänge und arbeitete Tag und Nacht. Ich half Stepan bei seiner Arbeit, die mir gut gefiel, und wenn er mal fort ging, blieb ich gerne an seiner Statt auf der Mühle.

11.

Nach dem warmen, heiteren Wetter kam eine trübe, naßkalte Zeit, und die Wege wurden unpassierbar; den ganzen Mai hindurch war es kalt und regnete. Das Klappern der Mühle und das Rauschen des Regens stimmten zum Nichtstun und Schlafen. Der Fußboden zitterte, es roch nach Mehl und auch das schläferte ein. Meine Frau kam in einem kurzen Schafspelz, in hohen Männergaloschen zweimal am Tage auf die Mühle und sagte immer dasselbe:

»Und das nennt sich Sommer! Das ist ja schlimmer als im Oktober!«

Wir tranken zusammen Tee, kochten Brei, oder saßen stundenlang schweigend da und warteten, ob der Regen nicht aufhören würde. Einmal, als Stepan auf einen Jahrmarkt gegangen war, blieb Mascha die Nacht über auf der Mühle. Als wir aufstanden, konnten wir unmöglich feststellen, wie spät es war, denn die Regenwolken verdunkelten den ganzen Himmel; wir hörten nur die schläfrigen Hähne in Dubetschnja krähen und die Wachteln auf der Wiese schnarren; es war noch sehr früh … Wir gingen zum Teich und zogen das Netz heraus, das Stepan am Abend in unserem Beisein aufgestellt hatte. Darin zappelten ein großer Barsch und ein Krebs.

»Laß sie heraus«, sagte Mascha. »Sollen sie auch glücklich sein.«

Weil wir sehr früh aufgestanden waren und nachher nichts getan hatten, kam mir dieser Tag sehr lang vor, wohl als der längste meines Lebens. Gegen Abend kehrte Stepan zurück, und ich ging nach Hause.

»Heute war dein Vater hier«, sagte mir Mascha.

»Wo ist er denn?« fragte ich.

»Er ist wieder fort, ich habe ihn nicht empfangen.«

Da sie sah, daß ich schweigend stehenblieb und daß mir mein Vater leid tat, sagte sie:

»Man muß konsequent sein. Ich habe ihn nicht empfangen und ihm sagen lassen, daß er sich nicht mehr herbemühen möchte.«

Nach einer Minute war ich schon draußen auf dem Wege zur Stadt, um mich mit meinem Vater auszusprechen. Es war schmutzig, naß und kalt. Zum erstenmal nach meiner Hochzeit war mir traurig zumute, und durch mein Gehirn, das von diesem langen, grauen Tage ermüdet war, ging der Gedanke, daß ich vielleicht nicht so lebe, wie ich sollte. Ich wurde müde, allmählich bemächtigten sich meiner Kleinmütigkeit und Faulheit, und ich wollte mich nicht mehr bewegen, wollte nicht denken. Ich gab meine Absicht auf und kehrte um.

Mitten auf dem Hofe stand der Ingenieur in einem Ledermantel mit Kapuze und sprach sehr laut:

»Wo sind die Möbel? Es waren wunderbare Möbel im Empirestil, es waren Bilder, Vasen, und jetzt ist alles leer! Ich habe doch das Gut mit den Möbeln gekauft, daß sie der Teufel!«

Neben ihm stand, die Mütze in der Hand, Moïssej, der Arbeiter der Generalin, ein etwa fünfundzwanzigjähriger Bursche, mager und pockennarbig, mit kleinen frechen Augen. Eine seiner Wangen war kleiner als die andere, als ob er sie sich im Schlafe eingedrückt hätte.

»Euer Hochwohlgeboren haben das Gut ohne die Möbel zu kaufen geruht«, sagte er kleinlaut. »Ich erinnere mich.«

»Halt's Maul!« schrie ihn der Ingenieur an. Er wurde blaurot und zitterte, und das Echo im Garten wiederholte sein Geschrei.

12.

Wenn ich im Garten oder im Hofe etwas machte, stand dieser Moïssej immer, die Hände im Rücken, dabei und starrte mich mit seinen frechen, kleinen Augen an. Das ärgerte mich dermaßen, daß ich dann die Arbeit aufgab und fortging.

Von Stepan hatten wir erfahren, daß Moïssej der Geliebte der Generalin war. Ich merkte, daß die Leute, die zu ihr in Geldsachen kamen, sich immer zuerst an Moïssej wandten, und einmal sah ich, wie ein schwarzer Bauer, wohl ein Köhler, sich vor ihm bis zur Erde verneigte; zuweilen tuschelte er mit den Leuten und gab das Geld aus eigener Tasche, ohne es erst der Gnädigen zu melden, woraus ich schloß, daß er bei Gelegenheit auch auf eigene Rechnung operierte.

Er schoß in unserm Garten mit dem Gewehr, stahl aus unserm Keller Lebensmittel und benutzte oft, ohne uns zu fragen, unsere Pferde. Wir empörten uns darüber und glaubten nicht mehr, daß Dubetschnja wirklich unser Eigentum sei. Mascha wurde oft ganz blaß und sagte:

»Werden wir denn mit diesen Ungeheuern noch ganze anderthalb Jahre leben müssen?«

Der Sohn der Generalin, Iwan Tscheprakow, war als Schaffner an unserer Eisenbahn angestellt. Während des Winters war er sehr mager und schwach geworden, so daß er schon von einem einzigen Glas Schnaps betrunken wurde und es ihn im Schatten fror. Die Schaffneruniform trug er mit Widerwillen und schämte sich ihrer, aber seine Stellung hielt er für recht einträglich, da er die Möglichkeit hatte, Kerzen zu stehlen und zu verkaufen. Meine neue Lage erregte in ihm ein gemischtes Gefühl von Erstaunen, Neid und einer vagen Hoffnung, daß es auch ihm ähnlich gehen könnte. Er blickte Mascha mit entzückten Augen nach, und erkundigte sich bei mir, was ich jetzt zu Mittag esse; sein mageres, unschönes Gesicht nahm dabei einen traurigen und süßlichen Ausdruck an, und er bewegte die Finger, als betastete er mein Glück.

»Hör' einmal, kleiner Nutzen«, sagte er mir unruhig, seine Zigarette jeden Augenblick von neuem anzündend; wo er stand, war der Boden immer mit abgebrannten Zündhölzern besät, von denen er für jede Zigarette Dutzende verbrauchte. »Hör' einmal, ich lebe jetzt ein gemeines Leben. Jeder Fähnrich kann mich anschreien: ›Du, Schaffner!‹ Ich habe auf der Fahrt alle möglichen Dinge gehört und weiß es jetzt: das Leben ist gemein! Meine Mutter hat mich zugrunde gerichtet. Ein Arzt hat mir einmal unterwegs gesagt: wenn die Eltern ausschweifend sind, so werden die Kinder Säufer oder Verbrecher. Ja, so ist es!«

Einmal kam er schwankend auf den Hof. Seine Augen blickten blöde, sein Atem ging schwer; er lachte, weinte und sprach wie im Fieber, und von seiner wirren Rede verstand ich nur die Worte: »Meine Mutter! Wo ist meine Mutter?« Er weinte dabei wie ein kleines Kind, das im Gedränge seine Mutter verloren hat. Ich führte ihn in unseren Garten, ließ ihn sich dort unter einem Baum niederlegen, und Mascha und ich saßen dann den ganzen Tag und die ganze Nacht abwechselnd bei ihm. Es war ihm sehr unwohl, und Mascha blickte ihm angeekelt ins blasse, feuchte Gesicht und sagte:

»Werden denn diese Ungeheuer auf unserem Hofe noch ganze anderthalb Jahre wohnen? Das ist ja entsetzlich, entsetzlich!«

Wieviel Kummer bereiteten uns aber die Bauern! Wieviel schwere Enttäuschungen erlebten wir schon in den ersten Frühlingsmonaten, wo wir so glücklich sein wollten! Meine Frau baute eine Schule. Ich entwarf den Plan zu einer Schule für sechzig Knaben, und das Landamt bestätigte ihn, empfahl aber, die Schule im Kirchdorf Kurilowka zu bauen, das nur drei Werst von uns entfernt lag; die dortige Schule, in der die Kinder aus vier Dörfern, darunter auch aus unserem Dubetschnja, unterrichtet wurden, war zudem alt und eng, und der durchfaulte Fußboden war einfach lebensgefährlich. Ende März wurde Mascha auf ihren Wunsch zur Protektorin der Schule von Kurilowka ernannt, und Anfang April versammelten wir die Bauern dreimal zu einer Beratung und suchten sie zu überzeugen, daß die alte Schule eng und alt sei und daß man eine neue bauen müsse. Auch ein Vertreter des Landamtes und der Kreisschulinspektor kamen gefahren und wollten sie auch davon überzeugen. Die Bauern umringten uns nach jeder Versammlung und bettelten um einen Eimer Schnaps. Es war uns heiß im Gedränge, wir ermüdeten schnell und kehrten unzufrieden und verwirrt nach Hause zurück. Endlich gaben die Bauern den Platz für die Schule her und verpflichteten sich, das Baumaterial aus der Stadt mit ihren Pferden herbeizuschaffen. Sobald sie mit der Sommersaat fertig waren, gingen am ersten Sonntag aus Kurilowka und Dubetschnja Fuhren in die Stadt, um Ziegelsteine für das Fundament zu bringen. Sie fuhren beim ersten Morgengrauen fort und kamen spät abends zurück; die Bauern waren alle betrunken und sagten, sie hätten sich müde gehetzt.

Wie zum Trotz hielten die Regengüsse und die Kälte den ganzen Mai an. Die Wege wurden unfahrbar. Die aus der Stadt zurückkommenden Fuhren kehrten meistens auf unserem Hofe ein, und das war entsetzlich! Im Tore zeigt sich ein dickbäuchiges Pferd mit gespreizten Vorderbeinen; bevor es in den Hof einfährt, verbeugt es sich; dann kommt ein nasser, glitschiger Balken von zwölf Ellen Länge herein; neben ihm schreitet, ohne auf die Pfützen zu achten, ein Bauer, den Mantelschoß in den Gürtel gesteckt. Dann zeigt sich eine zweite Fuhre mit Brettern, dann eine dritte wieder mit Balken, eine vierte ... und der Platz vor unserem Hause füllt sich allmählich mit Pferden, Balken und Brettern. Die Bauern und ihre Weiber mit umwickelten Köpfen und aufgesteckten Röcken schauen mit Haß auf unsere Fenster, lärmen, schreien und verlangen, daß die Gnädige zu ihnen herauskomme; auch grobe Schimpfworte fallen ab und zu. Abseits steht aber Moïssej und scheint sich an unserer Schande zu ergötzen.

»Wir werden nicht mehr fahren!« schreien die Bauern: »Wir haben uns zu Tode gequält! Sie soll doch einmal selbst fahren!«

Mascha ist ganz blaß und bestürzt, und da sie glaubt, sie würden jeden Augenblick das Haus überfallen, schickt sie ihnen Geld für einen halben Eimer hinaus; es wird still, und die langen Balken verschwinden einer nach dem anderen wieder.

Als ich zum Bau wollte, wurde meine Frau unruhig und sagte: »Die Bauern sind erbost. Daß sie dir nur nichts tun. Nein, wart, ich komme mit.«

Wir fuhren zusammen nach Kurilowka, und die Zimmerleute bettelten um Trinkgeld. Das Balkengehäuse war schon fertig, es war Zeit, das Fundament zu legen, aber die Maurer kamen nicht, die Arbeit stockte, und die Zimmerleute schimpften. Und als endlich die Maurer kamen, zeigte es sich, daß kein Sand da war: man hatte ganz vergessen, daß zum Bau auch Sand gehört. Die Bauern machten sich die schwierige Lage zunutze und verlangten dreißig Kopeken für die Fuhre, obwohl vom Bau bis zum Fluß, von wo sie Sand holten, kein viertel Werst war und mehr als fünfhundert Fuhren gebraucht wurden. Alle die Mißverständnisse, Streitigkeiten und Betteleien wollten kein Ende nehmen, meine Frau empört sich, und der Maurermeister Tit Petrow, ein siebzigjähriger Greis, nahm sie bei der Hand und sagte:

»Schau nur her! Schau nur her! Bring du mir nur Sand, dann stelle ich gleich zehn Arbeiter hin, und in zwei Tagen ist alles fertig! Schau nur her!«

Endlich brachte man den Sand, es vergingen zwei, und vier, und acht Tage, aber an Stelle des Fundaments gähnte noch immer ein Loch.

»So kann man wirklich verrückt werden!« regte sich meine Frau auf. »Was ist das für ein Volk! Was ist das für ein Volk!«

Während aller dieser Mißhelligkeiten kam zu uns manchmal der Ingenieur Viktor Iwanowitsch heraus. Er brachte immer Körbe mit Weinen und Delikatessen mit, aß lange und ausführlich, legte sich dann auf der Terrasse schlafen und schnarchte so, daß die Arbeiter den Kopf schüttelten und sagten:

»Der kann's!«

Mascha war über seine Besuche wenig erfreut, sie traute ihm nicht, beriet sich aber doch mit ihm; und wenn er nach seinem Mittagsschläfchen in schlechter Stimmung aufwachte und sich abfällig über unsere Wirtschaft äußerte oder bedauerte, Dubetschnja, das ihm schon so viel Geld gekostet hatte, gekauft zu haben, verlor Mascha jeden Mut, und ihr Gesicht drückte Verzweiflung aus; sie klagte ihm, er aber gähnte und sagte, daß man die Bauern prügeln müsse.

Unsere Heirat und unser Leben nannte er eine Komödie und sagte, daß das Ganze nur eine Laune, eine Spielerei sei.

»Sie hat schon einmal etwas Ähnliches gehabt«, erzählte er mir von Mascha. »Einmal bildete sie sich ein, Opernsängerin zu sein und brannte mir durch; zwei Monate habe ich sie suchen müssen, die Telegramme allein haben mich tausend Rubel gekostet.«

Jetzt nannte er mich weder Sektierer, noch Herr Maler und lobte auch nicht mehr mein Arbeitsleben, sondern sagte:

»Sie sind ein merkwürdiger Mensch! Sie sind sicher nicht normal! Ich will kein Prophet sein, aber Sie werden schlecht enden!«

Mascha aber schlief nachts schlecht und saß immer in Gedanken versunken am Fenster unseres Schlafzimmers. Beim Abendessen gab es weder die lieben Grimassen mehr, noch das Lachen. Ich litt entsetzlich, und wenn es regnete, drang mir jeder Tropfen wie Schrot ins Herz, und ich war bereit, vor Mascha in die Knie zu fallen und mich wegen des Wetters zu entschuldigen. Auch wenn im Hofe die Bauern lärmten, fühlte ich mich schuldig. Stundenlang saß ich am gleichen Fleck und dachte nur daran, was für ein herrliches Geschöpf Mascha sei. Ich liebte sie leidenschaftlich, und mich entzückte alles, was sie tat und sagte. Sie liebte es, im Zimmer zu hocken, viel zu lesen und zu studieren; sie, die die Wirtschaft nur aus den Büchern kannte, setzte uns durch ihre Kenntnisse in Erstaunen, und alle Ratschläge, die sie gab, kamen zustatten, und keiner von ihnen war vergebens. Bei alledem hatte sie auch viel Edelsinn, Geschmack und Gutmütigkeit, jene Gutmütigkeit, die nur sehr gut erzogenen Menschen eigen ist.

Für diese Frau mit einem so gesunden und positiven Verstand war die ganze unordentliche Umgebung mit den kleinlichen Sorgen und Zänkereien, in denen wir lebten, eine Qual; ich sah es und konnte auch selbst nachts nicht schlafen. Mein Kopf arbeitete unausgesetzt, und Tränen würgten mich. Ich war ganz ratlos, und wußte nicht, was zu tun.

Ich ritt zur Stadt und brachte Mascha Bücher, Zeitungen, Süßigkeiten und Blumen mit; oder ich fing mit Stepan zusammen Fische und stand oft stundenlang im Regen bis zum Halse im kalten Wasser, nur um einen Aal zu fangen und so Abwechslung in unser Menü zu bringen; ich flehte die Bauern demütig an, keinen Lärm zu machen, gab ihnen Schnaps, gab ihnen Geld und versprach ihnen alles mögliche. Und wieviel Dummheiten machte ich noch!

Die Regengüsse hörten endlich auf, und die Erde trocknete; wenn wir so gegen vier Uhr morgens aufstanden und in den Garten gingen, glänzte in den Blumen der Tau, die Vögel zwitscherten, die Insekten summten, und der Himmel war wolkenlos; der Garten, die Wiese, der Fluß, alles war herrlich, aber die Gedanken an die Bauern, die Fuhren, den Ingenieur vergällten uns alles! Manchmal fuhren wir beide in einem kleinen Rennwagen ins Feld, um uns den Hafer anzusehen. Sie kutschierte, und ich saß hinter ihr. Sie hob die Schultern, und der Wind spielte mit ihren Haaren.

»Rechts halten!« schrie sie den uns Begegnenden zu.

»Du siehst wirklich wie ein Kutscher aus«, sagte ich ihr einmal.

»Es ist wohl möglich! Mein Großvater, der Vater des Ingenieurs, war ja Kutscher. Hast du es noch nicht gewußt?« fragte sie, sich nach mir umwendend, und ahmte gleich darauf nach, wie die Kutscher zu schreien und zu singen pflegen.

– Gott sei Dank! – sagte ich mir, als ich es hörte; – Gott sei Dank! –

Und dann kam wieder die Erinnerung an die Bauern, an die Fuhren, an den Ingenieur …

13.

Einmal kam Doktor Blagowo mit dem Rade herausgefahren. Auch meine Schwester besuchte uns jetzt oft. Wieder kamen die Gespräche von der körperlichen Arbeit, vom Fortschritt und vom geheimnisvollen X, das die Menschheit in der entfernten Zukunft erwartet. Der Doktor liebte unsere Wirtschaft nicht, weil sie uns von den Debatten ablenkte, und sagte, daß das Pflügen, Mähen und Kälberhüten eines freien Menschen unwürdig sei, daß die Menschen dereinst alle die groben Formen des Kampfes ums Dasein den Tieren und den Maschinen aufbürden werden, um sich selbst ausschließlich der wissenschaftlichen Forschung zu widmen. Meine Schwester aber bat jedesmal, sie früher nach Hause zurückkehren zu lassen, und wenn sie bis zum späten Abend oder zur Nacht blieb, hörte die Aufregung gar nicht auf.

»Mein Gott, was sind Sie noch für ein Kind!« sagte ihr Mascha vorwurfsvoll. »Es ist ja einfach lächerlich.«

»Ja, es ist lächerlich«, gab meine Schwester zu. »Ich weiß, daß es lächerlich ist; aber was soll ich tun, wenn ich nicht die Kraft habe, gegen mich selbst anzukämpfen? Es scheint mir immer, daß ich Unrecht tue.«

Zur Zeit der Heuernte tat mir, da ich diese Arbeit nicht gewöhnt war, der ganze Körper weh; wenn ich dann abends auf der Terrasse mit den Meinigen saß, schlief ich oft mitten in der Unterhaltung ein, und alle lachten mich laut aus. Man weckte mich, und ich mußte mich an den Tisch zum Abendessen zu setzen; ich schlief halb, ich sah wie in einer Ohnmacht die Lichter, Gesichter und Teller, ich hörte die Stimmen, und verstand sie nicht. Und wenn ich am nächsten Morgen erwachte, griff ich gleich nach der Sense oder ging auf den Bau und arbeitete den ganzen Tag.

Wenn ich an den Feiertagen zu Hause blieb, merkte ich, daß meine Frau und meine Schwester vor mir etwas verheimlichten und meine Gesellschaft mieden. Meine Frau war zwar noch immer zärtlich zu mir, aber sie hatte ihre eigenen Gedanken, die sie mir nicht mitteilte. Es war mir klar, daß ihre Erregung gegen die Bauern wuchs und daß dieses Leben ihr immer schwerer wurde, aber sie klagte nicht mehr. Mit dem Doktor unterhielt sie sich jetzt lieber als mit mir, und ich konnte es mir gar nicht erklären.

In unserem Gouvernement ist es Sitte, daß in der Zeit der Heuernte und des Einbringens des Getreides die Arbeiter jeden Abend in den Herrenhof kommen, wo man sie mit Schnaps bewirtet; selbst die jungen Mädchen trinken mit. Wir beobachteten diese Sitte nicht; die Arbeiter und ihre Weiber standen bei uns im Hofe bis zum späten Abend und warteten auf den Schnaps; dann gingen sie schimpfend weg. Mascha machte eine finstere Miene und schwieg, oder sie sagte zum Doktor leise und gereizt:

»Diese Wilden! Diese Petschenjegen!«

Auf dem Lande pflegt man die Neulinge unfreundlich, beinahe feindselig zu behandeln, wie in der Schule. So behandelte man auch uns. In der ersten Zeit sah man uns als dumme Menschen an, die das Gut nur deshalb gekauft haben, weil sie nicht wissen, was mit ihrem Gelde anzufangen. Alle lachten uns aus. In unserem Walde, sogar in unserem Garten ließen die Bauern ihr Vieh weiden; sie trieben unsere Kühe und Pferde zu sich ins Dorf und verlangten nachher Bezahlung für die Flurschäden. Sie kamen in großen Haufen zu uns auf den Hof und behaupteten mit viel Geschrei, daß wir beim Mähen ein fremdes Stück mitgenommen hätten; da wir die Grenzen unseres Besitzes nicht genau kannten, glaubten wir ihnen alles und zahlten; später stellte es sich natürlich heraus, daß wir richtig gemäht hatten. In unserem Walde schälte man von den jungen Linden die Rinde zu Bast ab. Ein reicher Bauer von Dubetschnja, der auch Schnaps ohne Konzession verkaufte, bestach unsere Arbeiter und begaunerte uns mit ihrer Hilfe auf die niederträchtigste Weise: er vertauschte die neuen Räder an unserem Wagen mit alten, stahl uns unsere Ackerkummete und verkaufte sie dann uns wieder. Am meisten kränkte uns aber das, was in Kurilowka am Bau vorging; die Weiber stahlen dort nachts Bretter, Ziegelsteine, Kacheln und Eisen; der Gemeindevorsteher machte bei ihnen Haussuchungen, die Bauernversammlung diktierte jeder Diebin eine Strafe von zwei Rubeln zu, und dieses Geld wurde von der ganzen Gemeinde vertrunken.

Wenn Mascha so etwas hörte, sagte sie empört zum Doktor oder zu meiner Schwester:

»Dieses Vieh! Es ist entsetzlich!«

Und ich hörte sie mehr als einmal bedauern, daß sie den ganzen Schulbau unternommen hatte.

»Begreifen Sie doch«, suchte sie der Doktor zu überzeugen, »begreifen Sie doch, daß, wenn Sie diese Schule bauen oder überhaupt Gutes tun, Sie es nicht für die Bauern, sondern im Namen der Kultur, im Namen der Zukunft tun. Und je schlechter diese Bauern sind, desto mehr Grund haben Sie, die Schule zu bauen. Begreifen Sie es doch!«

Seine Stimme klang aber nicht sehr überzeugt, und es schien, daß er die Bauern ebenso haßte wie Mascha.

Mascha ging oft zur Mühle und nahm meine Schwester mit; sie erklärten beide lachend, daß sie den Stepan sehen wollten, der ein so hübscher Kerl sei. Stepan war, wie es sich zeigte, nur in Männergesellschaft so träge und wortkarg; in weiblicher Gesellschaft hielt er sich aber ungezwungen und redete ununterbrochen. Als ich einmal am Flusse baden ging, belauschte ich zufällig ein Gespräch. Mascha und Kleopatra saßen in weißen Kleidern am Ufer im Schatten einer Weide, und Stepan stand, die Hände im Rücken, daneben und redete:

»Sind die Bauern denn Menschen? Sie sind keine Menschen, sondern, mit Verlaub, Tiere und Scharlatans. Wie lebt so ein Bauer? Er versteht nur zu essen und zu trinken, und das möglichst billig, und im Wirtshause zu schreien; man bekommt von ihm weder gute Reden zu hören, noch ein anständiges Benehmen zu sehen. Ein ungehobelter Flegel ist er! Er selbst lebt in Schmutz, auch seine Frau und die Kinder leben in Schmutz; worin er geht, darin schläft er; die Kartoffeln holt er aus der Kohlsuppe mit den Fingern heraus, trinkt seinen Kwaß mit den Küchenschaben und bläst sie nicht einmal weg!«

»Die Leute sind aber so arm!« trat meine Schwester für die Bauern ein.

»Ach wo, arm! Not leiden sie allerdings, aber es gibt Not und Not, meine Gnädige. Wenn ein Mensch im Zuchthause sitzt, oder blind ist, oder keine Beine hat, so kann er einem wirklich leid tun; wenn er aber frei ist und seinen Verstand, seine Augen und Hände, seine Kraft und auch seinen Gott hat, was fehlt ihm dann noch? Es ist Verdorbenheit, meine Gnädige, Roheit, aber keine Armut. Wenn zum Beispiel Sie, gute und gebildete Herrschaften ihm aus purer Herzensgüte helfen wollen, so wird er in seiner Gemeinheit Ihr Geld vertrinken, oder, noch schlimmer als das, er wird mit Ihrem Gelde eine Branntweinschänke auftun und das Volk ausbeuten. Sie sprechen von Armut. Lebt aber der reiche Bauer besser? Auch er lebt, mit Verlaub, wie ein Schwein. Er ist ein Grobian, ein Flegel, ist aber so dick wie lang, hat eine gedunsene, rote Fratze, und wenn ich so einen sehe, möchte ich ihm gleich eine herunterhauen. Nehmen wir z. B. den Larion von Dubetschnja: der ist auch ein reicher Bauer, und doch stiehlt er in Ihrem Walde die Lindenrinden genau so wie der Ärmste; er selbst flucht unflätig, auch seine Kinder fluchen, und wenn er zu viel getrunken hat, fällt er mit der Nase in die Pfütze und schläft. Alle die Leute sind nichts wert, meine Gnädige. Das Leben im Dorfe ist eine Hölle. Das Dorf wächst mir, Gott sei Dank, zum Halse hinaus. Ich bin satt und versorgt, habe als Dragoner meine Zeit abgedient, war drei Jahre lang Dorfvorsteher gewesen und bin jetzt ein freier Mensch: wo ich will, dort wohne ich.

Im Dorfe will ich nicht leben, und niemand kann mich dazu zwingen. Man sagt mir, ich sei verpflichtet, mit meiner Frau zusammenzuleben. Warum denn? Habe ich mich ihr denn verdungen?«

»Sagen Sie, Stepan, haben Sie aus Liebe geheiratet?« fragte Mascha.

»Was gibt's denn bei uns im Dorfe für eine Liebe?« antwortete Stepan lächelnd. »Eigentlich bin ich schon zum zweitenmal verheiratet, wenn Sie es wissen wollen, meine Gnädige. Ich selbst bin nicht aus Kurilowka, sondern aus Salegoschtsch, habe bloß nach Kurilowka geheiratet. Unser Vater wollte nicht seinen Besitz unter uns fünf Brüdern aufteilen; ich verabschiedete mich von ihm und heiratete in ein fremdes Dorf. Meine erste Frau starb aber in jungen Jahren.«

»Woran?«

»An der Dummheit. Sie weinte immer ohne Grund, kränkelte und starb. Sie trank allerlei Kräuter, um schöner zu werden, und hat sich dabei wohl die Eingeweide verdorben. Und meine zweite Frau, die aus Kurilowka, was ist an ihr? Ein Dorfweib, eine Bäuerin und sonst nichts. Als ich um sie warb, gefiel mir die Sache nicht schlecht; ich dachte mir: sie ist jung, hat ein weißes Gesicht, und die Leute leben sauber. Ihre Mutter sieht wie eine Sektiererin aus und trinkt Kaffee, aber die Hauptsache ist, daß die Leute sauber leben. Also heiratete ich sie. Wie wir uns am anderen Tag nach der Hochzeit zu Tisch setzen, sage ich der Schwiegermutter, sie solle einen Löffel geben. Sie bringt den Löffel, und ich sehe, wie sie ihn mit dem Finger abwischt. Das ist eine schöne Reinlichkeit, denke ich mir. Ein Jahr blieb ich bei ihnen wohnen, dann ging ich fort. – Vielleicht hätte ich eine Städtische heiraten sollen«, sagte er nach einer Pause. »Man sagt, die Frau sei für den Mann eine Gehilfin. Was brauche ich eine Gehilfin, ich kann mir auch selbst helfen, ich verlange von der Frau nur, daß sie mit mir spricht, aber nicht irgendwie, sondern vernünftig und mit Gefühl. Ohne gute Reden ist das Leben gar kein Leben!«

Stepan verstummte plötzlich, und gleich darauf hörte ich sein eintöniges Singen. Das bedeutete, daß er mich gesehen hatte.

Mascha kam oft auf die Mühle und fand in den Gesprächen mit Stepan ihr Vergnügen; Stepan schimpfte so aufrichtig und überzeugt auf die Bauern, und darum zog es sie wohl zu ihm hin. Wenn sie von der Mühle heimkehrte, rief ihr der blöde Bauer, der den Garten hütete, nach:

»Mädel Palaschka! Guten Tag, Mädel Palaschka!« Und er bellte sie wie ein Hund an: »Wau! Wau!«

Sie aber blieb stehen und sah ihn aufmerksam an, als hörte sie im Gebell dieses Blöden Antworten auf ihre Gedanken; er zog sie wohl ebenso an, wie Stepan mit seinem Schimpfen. Zu Hause erwartete sie aber schon irgendeine Neuigkeit: zum Beispiel daß die Dorfgänse das Kraut in unserem Garten zerstampft hatten, oder daß Larion die Pferdeleine gestohlen hatte, und sie sagte lächelnd, die Achseln zuckend: »Was kann man auch von diesen Leuten verlangen?«

Sie empörte sich, in ihrem Innern kochte es; ich aber gewöhnte mich an die Bauern und fühlte mich immer mehr zu ihnen hingezogen. In der Mehrzahl waren es nervöse, überreizte, gekränkte, ungebildete Menschen mit dürftigem, trübem Horizont, mit den ewig gleichen Gedanken an die graue Erde, an die grauen Tage, an das Schwarzbrot; Menschen, die wohl schwindelten, aber so einfältig wie die Vögel, wenn sie den Kopf hinter einem Baumstamm verstecken, und die nicht zu rechnen verstanden. Sie weigerten sich, für zwanzig Rubel bei unserer Heuernte mitzuhelfen, taten es aber für einen halben Eimer Schnaps, obwohl sie für zwanzig Rubel vier Eimer hätten kaufen können. Es gab bei ihnen allerdings viel Schmutz, Trunksucht, Dummheit und Betrug, und doch fühlte man, daß das Bauernleben im allgemeinen ein gesundes, kräftiges Rückgrat hat. Wenn der Bauer hinter seinem Pfluge auch als ein plumpes Tier erscheint, und wenn er sich auch immer betrinkt, kann man in ihm doch bei näherem Zusehen etwas finden, was zum Beispiel Mascha und dem Doktor abging: nämlich den Glauben, daß das Wichtigste auf Erden die Wahrheit sei und daß seine Rettung und die Rettung des ganzen Volkes nur in der Wahrheit liege; darum schätzt er auch die Gerechtigkeit über alles in der Welt. Ich sagte meiner Frau, sie sähe nur die Flecke auf dem Glase, sähe aber das Glas selbst nicht; sie entgegnete nichts oder fing an wie Stepan eine traurige Weise zu summen. Wenn diese gute und kluge Frau vor Empörung bleich wurde und mit bebender Stimme dem Doktor von der Trunksucht und den Betrügereien der Bauern erzählte, mußte ich über ihre Vergeßlichkeit staunen. Wie konnte sie es vergessen, daß auch ihr Vater, der Ingenieur viel trank und daß das Geld, mit dem er Dubetschnja gekauft hatte, durch eine Reihe frecher und gewissenloser Betrügereien erworben worden war? Wie konnte sie das vergessen?

14.

Auch meine Schwester lebte ihr eigenes Leben, das sie sorgfältig vor mir verheimlichte. Oft tuschelte sie mit Mascha. Wenn ich auf sie zuging, schrumpfte sie gleichsam ein und blickte mich wie schuldbewußt und flehend an; offenbar ging in ihrer Seele etwas vor, das sie fürchtete oder dessen sie sich schämte. Um mir nicht im Garten zu begegnen oder sonstwie mit mir unter vier Augen zu bleiben, hielt sie sich immer in Maschas Nähe auf, und ich hatte nur selten, höchstens beim Mittagessen Gelegenheit, mit ihr zu sprechen.

Eines Abends kehrte ich vom Bau durch den Garten beim. Es dunkelte. Ohne mich zu bemerken und ohne meine Schritte zu hören, bewegte sich meine Schwester geräuschlos wie ein Gespenst vor einem alten, weitverzweigten Apfelbaume. Sie war ganz schwarz gekleidet und ging sehr schnell, zu Boden blickend, immer in der gleichen Linie auf und ab. Ein Apfel fiel vom Baum, sie fuhr zusammen, blieb stehen und drückte die Hände an die Schläfen. In diesem Augenblick ging ich auf sie zu.

In einer Anwandlung zärtlicher Liebe, die plötzlich mein Herz überströmte, nahm ich sie bei den Schultern und küßte sie mit Tränen in den Augen; ich mußte dabei an unsere Mutter und unsere Kindheit denken.

»Was hast du?« fragte ich sie. »Du leidest, ich sehe es längst. Sag', was ist mit dir?«

»Ich fürchte so …« sagte, sie zitternd.

»Was ist denn mit dir?« drang ich in sie ein. »Um Gottes willen, sei doch aufrichtig!«

»Ja, ich will, ich werde aufrichtig sein, ich werde dir die ganze Wahrheit sagen. Es ist mir so schwer, sie vor dir zu verheimlichen! Missail, ich liebe …« fuhr sie flüsternd fort. »Ich liebe, ich liebe … Ich bin glücklich, und doch fürchte ich mich so!«

Schritte wurden laut, und zwischen den Bäumen zeigte sich Doktor Blagowo in seidenem Hemd und hohen Stiefeln. Hier unter diesem Apfelbaum hatten sie offenbar ein Stelldichein. Als sie ihn erblickte, stürzte sie ihm entgegen und schrie gequält, als wollte ihn ihr jemand wegnehmen:

»Wladimir! Wladimir!«

Sie schmiegte sich an ihn und sah ihm lechzend ins Gesicht, und ich merkte erst jetzt, wie mager und bleich sie in der letzten Zeit geworden war. Besonders deutlich war das an ihrem Spitzenkragen zu sehen, den ich seit vielen Jahren kannte und der jetzt freier als je an ihrem feinen und langen Hals lag. Der Doktor wurde verlegen, besann sich aber bald und sagte, ihr die Haare streichelnd:

»Na, genug, genug ... Warum so nervös? Du siehst ja, ich bin herge-kommen.«

Wir schwiegen und sahen einander etwas geniert an. Dann gingen wir zu dritt weiter, und der Doktor sagte mir:

»Das Kulturleben hat bei uns noch nicht begonnen. Die Alten trösten sich damit, daß es jetzt zwar nichts gäbe, aber in den vierziger und sechziger Jahren etwas gegeben habe; das sind die Alten; unsere Gehirne sind aber noch nicht vom *marasmus senilis* berührt, und wir können uns mit solchen Illusionen nicht trösten. Der Anfang des Russischen Reiches fällt auf das Jahr 862, aber die russische Kultur hat überhaupt noch nicht angefangen.«

Ich hörte ihm kaum zu. Es kam mir so seltsam, beinahe unglaublich vor, daß meine Schwester verliebt war, daß sie diesen fremden Mann bei der Hand hielt und so zärtlich ansah. Meine Schwester, dieses ner-vöse, eingeschüchterte, verängstigte, unfreie Geschöpf liebt einen Mann, der verheiratet ist und auch Kinder hat! Etwas tat mir weh, ich weiß aber nicht, was. Die Anwesenheit des Doktors war mir nun unange-nehm, und ich konnte unmöglich begreifen, was aus dieser Liebe werden sollte.

15.

Mascha und ich fuhren zur Einweihung der Schule nach Kurilowka.

»Herbst, Herbst, Herbst ...« sagte Mascha leise, um sich blickend. »Der Sommer ist vorüber. Die Vögel sind fort, und nur noch die Wei-den allein sind grün.«

Ja, der Sommer ist vorüber. Die Tage sind noch heiter und warm, aber des Morgens ist es recht frisch, die Hirten gehen in Schafpelzen auf die Weide, und auf den Astern in unserem Garten trocknet der Tau im Laufe des ganzen Tages nicht aus. Es sind immer so traurige Töne zu hören, und man kann nicht recht erkennen, ob es das Knarren eines Fensterladens in den rostigen Angeln ist, oder das Geschrei der Kranichzüge … Dabei ist es aber einem so wohl ums Herz, und man spürt solche Luft zu leben!

»Der Sommer ist vorüber …« sagte Mascha. »Nun können wir das Fazit ziehen. Wir haben viel gearbeitet, haben viel gedacht, wir sind besser geworden, wir haben in der persönlichen Vervollkommnung Erfolge gemacht, – das muß alles anerkannt werden. Haben aber unsere Erfolge auch irgendeinen Einfluß auf das uns umgebende Leben gehabt, haben sie jemandem genützt? Nein! Die Roheit und die Unbildung, der Schmutz, die Trunksucht, die entsetzlich hohe Kindersterblichkeit – alles ist beim alten geblieben, und davon, daß du geackert und gesät hast und ich Geld ausgegeben und Bücher gelesen habe, wurde niemand besser. Offenbar haben wir nur für uns selbst gearbeitet und nur für uns selbst gedacht.«

Diese Betrachtungen machten mich wirr, und ich wußte nicht, was ich denken sollte.

»Wir waren vom Anfang bis zum Ende aufrichtig«, sagte ich, »und wer aufrichtig ist, der hat auch recht.«

»Wer bestreitet es? Wir waren wohl im Recht, wir haben aber das, worin wir recht hatten, falsch verwirklicht. Vor allen Dingen, waren denn nicht schon unsere äußeren Methoden durch und durch fehlerhaft? Du willst den Menschen nützlich sein, wenn du aber ein Gut kaufst, schneidest du dir von vornherein jede Möglichkeit ab, ihnen irgendwie zu nützen. Ferner: wenn du wie ein Bauer arbeitest, dich kleidest und ißt, so legitimierst du durch deine Autorität diese schwere, plumpe Kleidung, diese schrecklichen Häuser, diese dummen Bärte … Nehmen wir sogar an, daß du lange, sehr lange, dein ganzes Leben lang arbeitest und schließlich auch einige praktische Resultate erzielst; was bedeuten aber deine Resultate gegen solche Elementarkräfte, wie Roheit, Hunger, Kälte und Entartung? Einen Tropfen im Meere! Hier sind andere, kühnere, raschwirkende, kräftige Kampfmittel vonnöten! Wenn du tatsächlich Nutzen bringen willst, so mußt du den engen Kreis der normalen Tätigkeit aufgeben und dich bemühen, auf die ganze Masse einzuwirken! Vor allen Dingen ist eine laute, energische Predigt notwendig. Warum ist die Kunst, z. B. die Musik so lebenskräftig, so populär und so mächtig? Weil der Musiker oder Sänger gleich auf Tausende von Menschen einwirkt. Die liebe, liebe Kunst!« fuhr sie mit einem träumerischen Blick gen Himmel fort. »Die Kunst gibt uns Flügel und entführt uns weit, weit von hier! Wer des Schmutzes und der kleinlichen Pfenniginteressen überdrüssig geworden ist, wer empört und beleidigt ist, der kann nur im Schönen Ruhe und Befriedigung finden.«

Als wir uns Kurilowka näherten, war das Wetter heiter und freundlich. In einigen Höfen wurde gedroschen, und es roch nach Roggenstroh. Hinter den Zäunen leuchteten hellrote Ebereschen, und alle Bäume, so weit der Blick reichte, waren golden oder rot. Vom Turme tönten die Glocken, man trug die Heiligenbilder in die Schule, und der Chor sang »Heilige Fürbitterin«. Die Luft war durchsichtig, und die Tauben flogen so hoch!

Der Gottesdienst wurde im Klassenzimmer abgehalten. Dann überreichten die Bauern von Kurilowka Mascha ein Heiligenbild, und die von Dubetschnja – eine große Brezel und ein vergoldetes Salzfaß. Und Mascha weinte.

»Und wenn wir vielleicht ein Wort zu viel gesagt haben, oder es sonst irgendwelche Unannehmlichkeit gab, so verzeihen Sie uns!« sagte ein Greis und verneigte sich vor ihr und vor mir.

Als wir nach Hause fuhren, sah sich Mascha nach der Schule um; das grüne Dach, das ich gestrichen hatte, glänzte in der Sonne und blieb lange sichtbar. Und ich fühlte, daß die Blicke, die Mascha um sich warf, Abschiedsblicke waren.

16.

Abends fuhr sie in die Stadt.

In der letzten Zeit pflegte sie oft in die Stadt zu fahren und dort zu übernachten. Wenn sie fort war, konnte ich nicht arbeiten; meine Hände wurden auf einmal schwach, unser großer Hof erschien mir als eine langweilige Wüste, der Garten rauschte unfreundlich, und ohne sie waren das Haus, die Bäume und die Pferde für mich nicht mehr »unser«.

Ich ging nicht aus dem Hause, sondern saß immer an ihrem Tisch, neben ihrem Schrank mit den landwirtschaftlichen Büchern, ihren gewesenen Lieblingen, die sie jetzt nicht mehr brauchte und die mich daher so verlegen ansahen. Stundenlang, bis es sieben, acht, neun schlug, bis die schwarze Herbstnacht zum Fenster hereinblickte, besah ich mir irgendeinen alten Handschuh von ihr, oder den Federhalter, mit dem sie immer schrieb, oder ihre kleine Schere; ich tat nichts und war mir dessen vollkommen bewußt, daß ich früher nur darum geackert, gemäht und Holz gehackt hatte, weil sie es so wollte. Und wenn sie mich schickte, einen tiefen Brunnen zu reinigen, wo ich bis an den Gürtel im Wasser stehen mußte, so stiege ich gewiß in den Brunnen hinab, ohne mir zu überlegen, ob das nötig wäre oder nicht. Aber jetzt, wo sie nicht mehr in meiner Nähe war, erschien mir Dubetschnja mit der ganzen Unordnung, mit den ewig klappernden Fensterläden, mit den Tag- und Nachtdieben als ein Chaos, in dem jede Arbeit zwecklos wäre. Was soll ich hier auch arbeiten, was soll ich für die Zukunft sorgen, wenn ich fühle, daß mir der Boden entgleitet, daß meine Rolle hier in Dubetschnja zu Ende ist, mit einem Worte, daß mich das gleiche Schicksal erwartet, das die landwirtschaftlichen Werke ereilt hat? Wie furchtbar waren diese einsamen Stunden in der Nacht, als ich jeden Augenblick erschrocken horchte, ob mir nicht jemand zuriefe, daß ich schon gehen solle. Es tat mir um Dubetschnja leid, nur meine Liebe tat mir leid, für die offenbar auch schon der Herbst gekommen war. Was für ein großes Glück ist es, zu lieben und geliebt zu werden, und wie schrecklich ist es, zu fühlen, daß man von diesem hohen Turm herabstürzt!

Mascha kehrte aus der Stadt am anderen Abend zurück. Sie war über etwas unzufrieden, verheimlichte es aber und fragte nur, warum ich alle Winterfenster eingesetzt hätte; so könne man ja ersticken! Ich nahm zwei Fenster wieder heraus. Wir hatten gar keinen Hunger, setzten uns aber doch hin und aßen Abendbrot.

»Geh, wasch dir die Hände«, sagte meine Frau zu mir. »Du riechst nach Kitt.«

Sie hatte neue illustrierte Zeitschriften aus der Stadt mitgebracht, und nach dem Abendessen sahen wir sie uns zusammen an. Es waren auch Beilagen mit Modebildern und Kleiderschnitten dabei. Mascha sah sie sich nur flüchtig an, legte sie aber beiseite, um sie nachher genauer anzusehen; aber ein Kleid mit einem weiten, glatten Glockenrock und Bauschärmeln interessierte sie, und sie betrachtete es eine Minute ernst und aufmerksam.

»Das ist nicht übel«, sagte sie.

»Ja, das Kleid wird dir gut stehen«, sagte ich: »sogar sehr gut!«

Ich sah gerührt auf dieses Kleid, ich bewunderte das Bild nur, weil es ihr gefiel, und fuhr zärtlich fort:

»Ein herrliches, wunderbares Kleid! Meine herrliche, wunderbare Mascha! Meine teure Mascha!«

Tränen fielen auf das Bild.

»Meine herrliche Mascha …« stammelte ich: »Meine liebe, teure Mascha …«

Sie ging schlafen, ich aber saß noch eine Stunde da und besah die Illustrationen.

»Es ist schade, daß du die Fenster wieder herausgenommen hast«, sagte sie aus dem Schlafzimmer. »Ich fürchte, daß es doch kalt werden wird. Wie der Wind heult!«

Ich las unter »Vermischtes« von der Herstellung billiger Tinte und vom größten Diamanten der Welt. Dann kam mir wieder das Modebild mit dem Kleide in die Hand, das ihr so gut gefallen hatte, und ich stellte sie mir auf einem Ball vor, mit einem Fächer in der Hand, mit entblößten Schultern, strahlend schön, mit großem Verständnis für Musik, Kunst und Literatur, und meine eigene Rolle kam mir so kläglich und kurz vor!

Unsere Begegnung und unsere Ehe waren nur eine Episode, wie sie diese lebhafte, reich begabte Frau noch viele in ihrem Leben haben wird. Alles Beste in der Welt stand zu ihrer Verfügung und fiel ihr ganz umsonst zu, selbst die Ideen und die moderne geistige Bewegung bedeuteten ihr nur einen Genuß, eine Abwechslung in ihrem Leben; ich aber war nur der Kutscher, der sie von einem Erlebnis zum anderen gefahren hatte. Jetzt braucht sie mich nicht mehr, sie fliegt aus, und ich bleibe allein.

Wie als Antwort auf meine Gedanken erklang im Hofe der verzweifelte Schrei:

»Zu Hilfe!«

Es war eine dünne Weiberstimme, und der Wind pfiff ebenso dunn im Kamin, als wollte er sie nachahmen. Nach einer halben Minute erklang es wieder durch das Heulen des Windes, aber scheinbar vom anderen Ende des Hofes:

»Zu Hilfe!«

»Missail, hörst du es?« fragte leise meine Frau. »Hörst du es?«

Sie kam aus dem Schlafzimmer im bloßen Hemd mit offenen Haaren und lauschte, auf das dunkle Fenster blickend.

»Da wird jemand erwürgt!« sage sie. »Das fehlte noch gerade.«

Ich nahm mein Gewehr und ging hinaus. Draußen war es stockfinster, und der Wind wehte so stark, daß ich kaum stehen konnte. Ich ging einmal zum Tor und horchte: die Bäume rauschten, der Wind pfiff, und im Garten heulte träge der Hund des blöden Wächters. Hinter dem Tore war eine höllische Finsternis, und am Bahndamm brannte kein einziges Licht. Plötzlich ertönte neben dem Flügel, in dem im vorigen Jahre die Baukanzlei gewesen war, ein halberstickter Schrei:

»Zu Hilfe!«

»Wer ist da?« fragte ich.

Zwei Männer rangen miteinander. Der eine wollte den anderen hinausdrängen, der andere wehrte sich, und beide atmeten schwer.

»Laß los!« sagte der eine, und ich erkannte die Stimme Tscheprakows; er war es, der mit der dünnen Weiberstimme geschrien hatte. »Laß los, Verfluchter, sonst beiße ich dir die Hände blutig!«

Im anderen erkannte ich Moïssej. Ich brachte sie auseinander und schlug dabei Moïssej zweimal ins Gesicht. Er fiel hin, stand wieder auf, und ich schlug ihn noch einmal.

»Er wollte mich umbringen«, stammelte er. »Er hatte sich an die Kommode der Frau Mama herangemacht … Ich möchte ihn im Flügel einsperren, der Vorsicht halber.«

Tscheprakow war aber betrunken, er erkannte mich nicht und holte immer tief Atem, als wollte er möglichst viel Luft einatmen, um von neuem um Hilfe zu schreien.

Ich ließ sie stehen und kehrte ins Haus zurück. Meine Frau lag schon angekleidet auf dem Bett. Ich erzählte ihr, was sich auf dem Hofe abgespielt, und gestand auch, daß ich Moïssej geschlagen hatte.

»Es ist so schrecklich, auf dem Lande zu wohnen«, sagte sie. »Und so furchtbar lang ist diese Nacht …«

»Zu Hilfe!« ertönte es nach einer Weile wieder.

»Ich gehe hin und schaffe Ruhe«, sagte ich.

»Nein, sollen sie nur einander die Kehlen durchbeißen«, sagte sie mit Ekel.

Sie blickte auf die Decke und horchte hinaus, und ich saß an ihrer Seite, wagte nicht mit ihr zu sprechen und hatte das Gefühl, als ob es meine Schuld wäre, daß man draußen um Hilfe schrie und daß die Nacht so lang war.

Wir schwiegen, und ich wartete mit Ungeduld auf das erste Morgenlicht. Mascha blickte aber die ganze Zeit so, wie wenn sie aus einer

Ohnmacht erwacht wäre und nun staunte, wie sie, das kluge, wohlerzogene, reinliche Wesen in diese elende Provinzeinöde, in diese Gesellschaft unbedeutender, kleinlicher Menschen geraten sei und wie sie sich dermaßen habe vergessen können, um einen dieser Menschen zu lieben und länger als ein halbes Jahr seine Frau zu sein. Mir schien schien es, daß sie keine Unterschiede mehr zwischen mir, Moïssej und Tscheprakow machte; alles vermischte sich für sie in diesem trunkenen, wilden Hilfeschrei – ich, und unsere Ehe, und unsere Wirtschaft, und der Herbstschmutz; und wenn sie seufzte oder sich im Bette wälzte, las ich in ihrem Gesicht: »Ach, wenn doch der Morgen endlich käme!«

Am Morgen fuhr sie ab.

Ich blieb in Dubetschnja noch drei Tage und wartete, ob sie nicht doch noch zurückkommen würde. Dann legte ich alle unsere Sachen in einem der Zimmer zusammen, sperrte es ab und ging in die Stadt. Als ich am Hause des Ingenieurs klingelte, war schon Abend, und in unserer Großen Adelsstraße brannten die Laternen. Pawel sagte mir, daß niemand zu Hause sei: Viktor Iwanowitsch sei nach Petersburg verreist und Maria Viktorowna auf einer Probe bei den Aschogins. Ich erinnere mich noch, mit welcher Aufregung ich zu den Aschogins ging, wie mein Herzschlag stockte, als ich die Treppe hinaufging und lange oben auf dem Treppenabsatz stand, ehe ich es wagte, in diesen Musentempel einzutreten! Im Saale brannten auf dem Tische, auf dem Klavier und auf der Bühne je drei Kerzen, überall drei; die erste Vorstellung war für den Dreizehnten angesetzt, und die erste Probe fand an einem Montag, einem gefürchteten Unglückstag statt. Das war der Kampf gegen die Vorurteile! Alle Liebhaber der Bühnenkunst waren schon versammelt. Die Älteste, die Mittlere und die Jüngste gingen auf der Bühne auf und ab und lasen ihre Rollen. Abseits von allen stand Rettich, mit der Schläfe gegen die Wand gelehnt, und blickte, in Erwartung der Probe, andächtig auf die Bühne. Alles war genau so wie einst!

Ich ging auf die Dame des Hauses zu, – ich mußte sie doch begrüßen, – aber alle begannen plötzlich zu zischen und mit den Füßen zu stampfen, daß ich leiser auftrete. Es wurde still. Man hob den Deckel des Klaviers, eine Dame setzte sich vor das Instrument und richtete ihre kurzsichtigen Augen auf die Noten, und nun erschien meine Mascha. Sie war schön und elegant, aber von einer eigenen, ganz neuen Schönheit und glich gar nicht jener Mascha, die mich im Frühjahr auf der Mühle besuchte. Sie sang das Lied:

»Warum lieb ich dich so, du strahlende Nacht?«

Seitdem ich sie kannte, hörte ich sie heute zum erstenmal singen. Sie hatte eine schöne, kräftige, volle Stimme, und solange sie sang, hatte ich das Gefühl, als ob ich eine reife, süße, duftende Melone verzehrte. Nun war sie zu Ende, man applaudierte ihr und sie lächelte sehr zufrieden, blätterte in den Noten und nestelte an ihrem Kleid wie ein Vogel, der sich endlich aus der Gefangenschaft befreit hat und in Freiheit sein Gefieder in Ordnung bringt. Ihre Haare waren hinter die Ohren gekämmt, und ihr Gesicht hatte einen unangenehmen Ausdruck, wie wenn sie alle herausforderte oder uns wie die Pferde anschreien wollte: »He, ihr lieben!«

In diesem Augenblick sah sie wohl ihrem Großvater, dem Kutscher sehr ähnlich.

»Auch du bist hier?« fragte sie, mir die Hand reichend. »Hast du gehört, wie ich sang? Wie findest du es?« Ohne meine Antwort abzuwarten, fuhr sie fort: »Es ist sehr gut, daß du hergekommen bist. Heute nacht reise ich für kurze Zeit nach Petersburg. Willst du es mir erlauben?«

Um Mitternacht begleitete ich sie zum Bahnhof. Sie umarmte mich zärtlich, wohl aus Dank dafür, weil ich keine überflüssigen Fragen stellte, und versprach mir zu schreiben. Ich aber drückte und küßte lange ihre Hände, sagte kein Wort und hielt mit Mühe meine Tränen zurück.

Und als sie fort war, blickte ich lange den Lichtern des Zuges nach, liebkoste sie in Gedanken und wiederholte leise vor mich hin:

»Meine liebe Mascha, meine herrliche Mascha …«

Ich übernachtete in der Vorstadt Makaricha bei der Karpowna, und überzog schon am nächsten Morgen mit Rettich die Möbel bei einem reichen Kaufmann, der seine Tochter mit einem Doktor verheiratete.

17.

Am Sonntag Nachmittag kam meine Schwester zu mir und trank mit mir Tee.

»Jetzt lese ich sehr viel«, sagte sie, auf die Bücher zeigend, die sie sich auf dem Wege zu mir aus der Stadtbibliothek geholt hatte. »Ich bin deiner Frau und Wladimir dankbar, sie haben in mir die Selbsterkenntnis geweckt. Sie haben mich gerettet und es erreicht, daß ich mich als Mensch fühle. Früher konnte ich nachts keinen Schlaf finden, weil mein Kopf voller Sorgen war: ›Ach, wir haben in dieser Woche so viel Zucker verbraucht! Ach, daß die Gurken nur nicht zu salzig werden!‹ Auch jetzt schlafe ich schlecht, aber es sind schon ganz andere Gedanken. Ich ärgere mich, daß ich die Hälfte meines Lebens so dumm, so kleinmütig vertrödelt habe. Ich verachte meine Vergangenheit, ich schäme mich ihrer, den Vater sehe ich aber als meinen Feind an. Oh, wie dankbar bin ich doch deiner Frau! Und Wladimir, was ist das für ein prächtiger Mensch! Sie haben mir die Augen geöffnet.«

»Es ist nicht gut, daß du nachts nicht schläfst«, sagte ich.

»Du glaubst wohl, ich bin krank? Keine Spur! Wladimir hat mich untersucht und gefunden, daß ich vollkommen gesund hin. Es handelt sich aber nicht um die Gesundheit, die ist nicht so wichtig ... Sage mir nur: bin ich im Recht?«

Sie, brauchte moralische Unterstützung, – das war mir klar. Mascha war verreist, Doktor Blagowo befand sich in Petersburg, und sie hatte in der ganzen Stadt niemand außer mir, der ihr sagen könnte, daß sie im Recht sei. Sie blickte mir gespannt ins Gesicht, als wollte sie meine geheimen Gedanken lesen, und wenn ich in ihrer Gegenwart nachdenklich war und schwieg, bezog sie es auf sich und wurde traurig. Ich mußte immer auf der Hut sein, und wenn sie mich fragte, ob sie recht hätte, beeilte ich mich, ihr zu sagen, daß sie im Rechte sei und daß ich sie aufrichtig achte.

»Weißt du, man hat mir bei den Aschogins eine Rolle gegeben«, fuhr sie fort. »Ich will auf der Bühne spielen. Ich will leben, mit einem Wort, ich will auch einmal aus vollem Kelche trinken. Ich habe gar kein Talent, und die Rolle besteht nur aus zehn Worten, und doch ist es unermeßlich erhabener und edler, als fünfmal am Tage Tee einzuschenken und aufzupassen, ob die Köchin nicht ein Stück zu viel gegessen hat. Vor allen Dingen soll aber der Vater endlich sehen, daß auch ich zu einem Protest fähig bin.«

Nach dem Tee legte sie sich auf mein Bett und lag eine Zeitlang mit geschlossenen Augen. Sie war sehr blaß.

»Diese Schwäche!« sagte sie, als sie nach einer Weile wieder aufstand. »Wladimir behauptet, daß alle Frauen und Mädchen in der Stadt vor lauter Müßiggang blutarm sind. Wie klug ist doch Wladimir! Er hat recht, er hat tausendmal recht. Man muß arbeiten!«

Nach zwei Tagen kam sie mit ihrer Rolle zu den Aschogins zur Probe. Sie trug ein schwarzes Kleid, eine Korallenkette um den Hals, eine Brosche, die aus der Ferne wie ein Blätterteigkuchen aussah, und große Ohrringe mit je einem Brillanten. Als ich sie ansah, mußte ich mich genieren, ihre Geschmacklosigkeit machte mich bestürzt. Die Brillantohrringe waren so unpassend; auch die anderen bemerkten, wie sonderbar sie gekleidet war; ich sah die Leute lächeln und hörte sogar jemand sagen:

»Die ägyptische Kleopatra!«

Sie bemühte sich, ungezwungen, ruhig und mondän zu erscheinen und erschien darum maniert und sehr sonderbar. Ihre frühere Einfachheit und Anmut hatten sie verlassen.

»Als ich eben dem Vater erklärte, daß ich zur Probe gehe«, sagte sie, auf mich zugehend, »schrie er mich an und erklärte, daß er mir seinen Segen entziehe; beinahe hätte er mich geschlagen. Denke dir nur, ich kann meine Rolle nicht«, sagte sie, in ihr Heft blickend. »Ich werde mich ganz bestimmt blamieren. Die Würfel sind gefallen«, fuhr sie in höchster Erregung fort. »Die Würfel sind gefallen …«

Sie glaubte, daß alle auf sie sehen und über den bedeutungsvollen Schritt, zu dem sie sich entschlossen hatte, staunen; sie glaubte, daß alle von ihr etwas Ungewöhnliches erwarteten, und es war mir ganz unmöglich, sie davon zu überzeugen, daß niemand sich um solche kleine und uninteressante Menschen, wie wir beide, kümmerte.

Bis zum dritten Akt hatte sie nichts zu tun, und ihre Rolle einer Provinztante bestand nur darin, daß sie vor der Tür horchen und dann einen kurzen Monolog zu sprechen hatte. Bis die Reihe an sie kam, also mindestens anderthalb Stunden, während die andern Darsteller auf der Bühne herumgingen, lasen, Tee tranken und stritten, wich sie nicht von meiner Seite, murmelte in einem fort ihre Rolle und zerknüllte nervös ihr Heft. In der Meinung, daß alle sie ansähen und auf ihr Auftreten warteten, nestelte sie mit zitternder Hand an ihren Haaren und sagte zu mir:

»Ich werde mich ganz bestimmt blamieren … Wenn du nur wüßtest, wie schwer es mir ums Herz ist. Ich habe solche Angst, als ob man mich gleich zum Schafott führen würde.«

Endlich kam sie an die Reihe.

»Kleopatra Alexejewna, jetzt!« sagte der Regisseur.

Unschön und linkisch trat sie auf die Mitte der Bühne mit dem Ausdruck von Entsetzen im Gesicht und stand eine halbe Minute unbeweglich wie im Starrkrampfe da; nur die beiden großen Ohrringe bewegten sich.

»Das erstemal können Sie die Rolle auch ablesen.« sagte jemand.

Es war mir klar, daß sie vor Angst weder sprechen, noch das Heft aufmachen konnte; ich sah, daß sie am wenigsten an ihre Rolle dachte. Ich wollte schon auf sie zugehen und ihr etwas sagen, als sie plötzlich mitten auf der Bühne niederkniete und laut schluchzte.

Alles kam in Bewegung, alle lärmten, nur ich allein stand an die Kulisse gelehnt, von dem Vorgefallenen erdrückt, und wußte nicht, was anzufangen. Ich sah, wie man ihr aufstehen half und sie fortführte. Ich sah, wie Anjuta Blagowo auf mich zuging; ich hatte sie vorher im Saale nicht gesehen, und sie schien wie aus der Erde gewachsen. Sie hatte ihren Hut auf und den Schleier vor dem Gesicht und sah wie immer so aus, als ob sie nur auf dem Sprunge hier wäre.

»Ich hab' ihr doch gesagt, daß sie nicht spielen darf«, sagte sie rot vor Empörung, jedes Wort kurz hervorstoßend. »Das ist Wahnsinn! Sie hätten sie davon abhalten müssen!«

Nun näherte sich mir die magere und flache Frau Aschogin-Mutter in ihre kurzen Bluse mit kurzen Ärmeln und Zigarettenasche auf der Brust.

»Mein Freund, es ist ja entsetzlich«, sagte sie, die Hände ringend und nur wie immer scharf ins Gesicht blickend. »Das ist ja entsetzlich! Ihre Schwester ist in Umständen ... sie ist schwanger! Führen Sie sie doch fort, ich bitte Sie darum ...«

Sie war furchtbar erregt und atmete schwer. Etwas abseits standen ihre drei Töchter, ebenso mager und flach wie sie, und drängten sich ängstlich aneinander. Sie waren so erschrocken und bestürzt, als ob man in ihrem Hause einen, Zuchthäusler erwischt hätte. Wie schrecklich, diese Schande! Und doch hatte diese ehrenwerte Familie ihr Leben lang gegen die Vorurteile gekämpft; offenbar hatten sie geglaubt, das alle Vorurteile und Verirrungen der Menschheit nur in der Furcht vor den drei Kerzen, vor der Zahl Dreizehn und vor dem Montag bestünden.

»Ich bitte Sie darum ...« wiederholte Frau Aschogin mit gespitztem Mund. »Ich bitte Sie, bringen Sie sie doch nach Hause.«

18.

Bald darauf waren wir auf der Straße. Ich hüllte meine Schwester in meinen Mantel; wir gingen schnell, wählten Gäßchen, in denen keine Laternen brannten, und wichen jeder Begegnung aus, wie wenn wir auf der Flucht wären. Sie weinte nicht mehr und blickte mich mit trockenen Augen an. Bis zur Vorstadt Makaricha, wohin ich sie führte, waren kaum zwanzig Minuten, und doch genügte uns diese kurze Zeit, um uns unseres ganzen Lebens zu erinnern, alles zu besprechen, unsere Lage zu überblicken und Pläne zu fassen …

Wir waren uns einig, daß wir in dieser Stadt nicht länger bleiben durften und, sobald ich etwas Geld verdient haben würde, an irgendeinen anderen Ort ziehen mußten. In den einen Häusern schlief man schon, in den anderen spielte man noch Karten; wir haßten diese Häuser, wir fürchteten sie und sprachen vom Fanatismus, der Herzensroheit und der Nichtswürdigkeit dieser geachteten Familien, dieser Liebhaber der Theaterkunst, denen wir solche Angst gemacht hatten, und ich fragte mich, worin diese dummen, grausamen, faulen, ehrlosen Menschen besser seien als die betrunkenen und abergläubischen Bauern von Kurilowka, oder als die Tiere, die ja auch unruhig werden, wenn irgendein Zufall die Eintönigkeit ihres von den Instinkten beschränkten Lebens stört. Was wäre jetzt wohl mit meiner Schwester, wenn sie zu Hause bliebe? Was für furchtbare moralische Leiden hätte sie zu erdulden, wenn sie mit dem Vater sprechen und jeden Tag mit Bekannten zusammenkommen müßte! Während ich mir dies alles überlegte, kamen mir verschiedene Menschen in Erinnerung, die von ihren nächsten Verwandten langsam hingemordet worden waren, alle die zu Tode gequälten, verrückt gewordenen Hunde, die bei lebendigem Leibe von den Jungen gerupften und ins Wasser geworfenen Spatzen, – und die ganze unendliche Reihe stummer, langsamer Leiden, die ich in dieser Stadt ununterbrochen, seit meiner frühesten Kindheit beobachtet hatte; und ich konnte wieder nicht begreifen, wovon diese sechzigtausend Menschen lebten, wozu sie beteten, wozu sie die Evangelien und wozu sie Bücher und Zeitschriften lasen. Was hat ihnen das alles genützt, was bisher geschrieben und gesprochen worden ist, wenn in ihren Seelen noch immer dieselbe Finsternis herrscht und derselbe Haß gegen jede Freiheit wie vor hundert und vor dreihundert Jahren? Der Bauunternehmer baut sein Leben lang Häuser in der Stadt und sagt dabei bis zu seinem Tode statt »Galerie« – »Galderie«; ebenso lesen und hören diese sechzigtausend Menschen seit Generationen so viel von Wahrheit, Barmherzigkeit und Freiheit und doch lügen sie bis zu ihrem Tode vom Morgen bis zum Abend und quälen einander; die Freiheit aber fürchten und hassen sie wie ihren Feind.

»Mein Schicksal ist also entschieden«, sagte meine Schwester, als wir am Ziel waren. »Nach dem, was geschehen, kann ich nicht mehr nach Hause zurückkehren. Mein Gott, wie gut das ist! Wie leicht ist es mir ums Herz!«

Sie legte sich sofort ins Bett. An ihren Wimpern glänzten Tränen, aber ihr Gesicht strahlte vor Glück; sie schlief fest und süß und sah tatsächlich so aus, als wäre es ihr leicht ums Herz und als ruhe sie aus. Lange, lange hatte sie nicht mehr so geschlafen!

Nun lebten wir zusammen. Sie sang immer und sagte, daß sie sich sehr wohl fühle. Die Bücher, die wir aus der Bibliothek entliehen, trug ich ungelesen zurück, da sie nicht mehr lesen konnte; sie wollte nur noch von der Zukunft träumen und sprechen. Wenn sie meine Wäsche flickte oder der Karpowna beim Kochen half, trällerte sie vor sich hin oder sprach von ihrem Wladimir, von seiner Klugheit, von seinen wunderbaren Manieren, seiner Güte und seiner ungewöhnlichen Bildung, und ich stimmte ihr zu, obwohl ich den Doktor nicht mehr liebte. Sie wollte arbeiten, selbständig, für eigene Rechnung leben und nahm sich vor, Lehrerin oder Krankenpflegerin zu werden, sobald es ihre Gesundheit erlaubte; sie wollte auch selbst die Fußböden scheuern und Wäsche waschen. Sie liebte ihr Kind leidenschaftlich; es war noch nicht auf der Welt, aber sie wußte schon, was für Augen, was für Hände es haben und wie es lachen würde. Sie sprach gerne von Erziehung, und da sie ihren Wladimir für den besten Menschen auf der ganzen Welt hielt, so liefen alle ihre Betrachtungen darauf hinaus, daß das Kind ebenso bezaubernd werden sollte wie sein Vater. Alle diese Gespräche wollten kein Ende nehmen, und alles, was sie sagte, weckte in ihr selbst lebhafte Freude. Manchmal freute ich mich auch, ohne recht zu wissen, worüber.

Sie hatte mich wohl mit ihren träumerischen Stimmungen angesteckt; an Abenden ging ich trotz der Müdigkeit, die Hände in den Taschen, in meinem Zimmer auf und ab und sprach von Mascha.

»Wie denkst du wohl«, fragte ich meine Schwester, »wann kehrt sie zurück? Ich glaube, sie wird zu Weihnachten zurückkehren, wohl kaum später. Was hat sie auch in Petersburg zu tun?«

»Wenn sie dir nicht schreibt, so wird sie offenbar bald kommen.«

»Das ist wahr«, stimmte ich ihr bei, obwohl ich sehr gut wußte, daß Mascha gar keine Ursache hatte, in unsere Stadt zurückzukehren.

Ich sehnte mich sehr nach ihr; und da ich mich selbst nicht mehr betrügen konnte, wollte ich von den anderen betrogen werden. Meine Schwester wartete auf ihren Doktor, und ich auf Mascha, wir sprachen unaufhörlich, wir lachten und merkten gar nicht, daß wir die Karpowna nicht einschlafen ließen, die auf ihrem Ofen lag und immer murmelte:

»Der Samowar hat heut früh gebrummt! Das bedeutet nichts Gutes, meine Lieben, nichts Gutes!«

Zu uns kam niemand außer dem Briefträger, der der Schwester Briefe von ihrem Doktor brachte, und Prokofij, der manchmal abends zu uns hereinkam, meine Schwester stumm ansah und nachher in der Küche sagte:

»Jeder Stand soll seine Wissenschaft kennen, wer sie aber aus Hochmut nicht kennen will, dem ist das Leben ein Jammertal.«

Er liebte das Wort »Jammertal«. Als ich einmal – es war schon kurz vor Weihnachten, – durch den Markt ging, rief er mich in seinen Fleischladen herein und erklärte, ohne mir die Hand zu geben, daß er mit mir über eine wichtige Angelegenheit sprechen müsse. Er war ganz rot vom Frost und vom Schnaps; neben ihm stand am Ladentisch Nikolka mit dem Räubergesicht und hielt ein blutiges Messer in der Hand.

»Ich muß Ihnen folgendes sagen«, begann Prokofij: »Dies kann unmöglich so weitergehen, und Sie müssen selbst einsehen, daß diese Sache weder Ihnen, noch uns Ehre einbringen wird. Meine Mama kann Ihnen natürlich aus Mitleid nicht sagen, daß Ihre Schwester infolge ihrer Umstände in eine andere Wohnung ziehen soll. Mir paßt es aber nicht, weil ich das Benehmen Ihrer Schwester nicht billigen kann.«

Ich verstand ihn gut und verließ den Laden. Am gleichen Tage zog ich mit meiner Schwester zu Rettich. Wir hatten kein Geld für eine Droschke und gingen zu Fuß; ich schleppte unsere Habseligkeiten auf dem Rücken; meine Schwester hatte zwar nichts in den Händen, aber sie atmete schwer, hustete und fragte immer wieder, ob wir noch nicht bald da wären.

19.

Endlich kam ein Brief von Mascha.

»Mein lieber, guter M.A.«, schrieb sie mir, »mein guter, sanfter Engel, wie Sie der alte Maler nannte, leben Sie wohl, ich reise mit Papa nach Amerika zur Ausstellung. In wenigen Tagen werde ich den Ozean sehen – wie fern ist jetzt von mir unser Dubetschnja, es ist unheimlich, daran zu denken! Es ist so fern und unfaßbar wie der Himmel, und ich strebe nach der Freiheit, ich triumphiere, ich bin ganz verrückt, Sie sehen ja, wie unsinnig dieser Brief ist. Mein Lieber, mein Guter, geben Sie mir die Freiheit, zerreißen Sie schneller den Faden, der uns noch aneinander bindet. Daß ich Ihnen begegnet bin und Sie kennen gelernt habe, war ein himmlischer Strahl, der mein ganzes Sein erleuchtete; aber daß ich Ihre Frau wurde, das war ein Fehler, begreifen Sie das! Die Erkenntnis dieses Fehlers bedrückt mich schwer, und ich flehe Sie kniefällig an, mein großmütiger Freund, mir sehr bald, noch vor meiner Ozeanreise zu telegraphieren, daß Sie bereit sind, unseren gemeinsamen Fehler gutzumachen und diese einzige Last von meinen Flügeln zu nehmen. Mein Vater, der alle Scherereien auf sich nehmen will, hat mir versprochen, Sie nicht zu sehr mit den Formalitäten zu belästigen. Ich bin also ganz frei? Ja?

Seien Sie glücklich, Gott segne Sie, verzeihen Sie mir, Sünderin.

Ich lebe und bin gesund. Ich gebe viel Geld aus, mache viel Dummheiten und danke jeden Augenblick Gott, daß eine so schlechte Frau, wie ich, keine Kinder hat. Ich singe und habe Erfolg, aber das ist keine Laune, nein, das ist mein sicherer Hafen, meine Zelle, in der ich jetzt Ruhe finde. König David hat einen Ring gehabt mit der Inschrift: ›Alles vergeht‹. Wenn man traurig ist, machen einen diese Worte lustig, und wenn man lustig ist, stimmen sie traurig. Auch ich habe mir solch einen Ring mit hebräischer Inschrift angeschafft, und dieser Talisman wird mich vor Verirrungen schützen. Alles vergeht, auch das Leben wird vergehen, folglich braucht der Mensch nichts. Oder der Mensch braucht nur das Bewußtsein der Freiheit, denn wenn er frei ist, so braucht er nichts, gar nichts. Zerreißen Sie also den Faden. Ich umarme Sie und Ihre Schwester. Verzeihen Sie mir und vergessen Sie Ihre M.«

Meine Schwester lag in dem einen Zimmer, und Rettich, der wieder von seiner Krankheit genas, im anderen. Als ich diesen Brief bekam, ging meine Schwester leise zum Maler, setzte sich neben ihn und begann ihm vorzulesen. Sie las ihm täglich etwas von Ostrowskij oder Gogol vor, und er hörte ihr zu, auf einen Punkt starrend, ohne zu lachen, immerfort den Kopf schüttelnd und ab und zu vor sich hinmurmelnd:

»Alles ist möglich! Alles ist möglich!«

Wenn im Stück etwas Unschönes vorkam, so sagte er schadenfroh, mit dem Finger aufs Buch zeigend:

»Da ist die Lüge! Da sieht man, wozu die Lüge führt!«

Die Stücke fesselten ihn wie durch ihren Inhalt so auch durch die Moral und den kunstvollen Aufbau. Er bewunderte die Dichter, ohne sie je beim Namen zu nennen:

»Wie geschickt hat *er* das hingesetzt!«

Meine Schwester las diesmal nur eine Seite vor; mehr konnte sie nicht, denn ihre Stimme versagte. Rettich nahm sie bei der Hand, bewegte seine ausgetrockneten Lippen und sagte kaum hörbar mit heiserer Stimme:

»Die Seele des Gerechten ist weiß und glatt wie Kreide, und die Seele des Sünders ist wie Bimsstein. Die Seele des Gerechten ist wie heller Firnis, und die Seele des Sünders wie Gaspech. Man muß arbeiten, man muß leiden, man muß trauern«, fuhr er fort, »denn ein Mensch, der nicht arbeitet und nicht leidet, kommt nicht ins Himmelreich. Wehe, wehe den Satten, wehe den Mächtigen, wehe den Reichen, wehe den Wucherern! Sie werden das Himmelreich nicht schauen. Die Läuse fressen das Gras, der Rost – das Eisen ...«

»Und die Lüge – die Seele«, ergänzte meine Schwester lachend.

Ich las den Brief noch einmal. In diesem Augenblick kam in die Küche ein Soldat, der uns zweimal in der Woche Tee, Semmeln und Rebhühner, die nach Parfüm rochen, brachte; wir wußten nicht, von wem. Ich hatte keine Arbeit und saß tagelang zu Hause; derjenige, der uns das alles schickte, wußte offenbar, daß wir Not litten.

Ich hörte, wie meine Schwester lustig lachend mit dem Soldaten sprach. Später aß sie im Liegen eine Semmel und sagte zu mir:

»Als du nicht länger in Stellung bleiben wolltest und Maler wurdest, wußten wir, Anjuta Blagowo und ich, schon gleich am Anfang, daß du recht hattest, aber wir scheuten uns, es laut auszusprechen. Sag' einmal, was ist es, was den Menschen abhält, seine Gedanken auszusprechen? Nimm zum Beispiel diese Anjuta Blagowo. Sie liebt dich, sie verehrt dich, sie weiß, daß du im Rechte bist; sie liebt auch mich wie eine

Schwester und weiß, daß ich im Rechte bin; im innersten Herzen beneidet sie mich sogar, aber etwas hält sie davon ab, zu uns zu kommen; sie meidet uns, sie fürchtet uns.«

Meine Schwester faltete ihre Hände auf der Brust und sagte begeistert:

»Wenn du nur wüßtest, wie sehr sie dich liebt! Diese Liebe hat sie nur mir allein gestanden, und auch das nur im Dunkeln, ganz leise. Manchmal führte sie mich in eine dunkle Allee und flüsterte mir zu, wie teuer du ihr seist. Du wirst es sehen, sie wird niemals heiraten, weil sie dich liebt. Tut sie dir nicht leid?«

»Ja.«

»Sie hat uns auch diese Semmeln geschickt. Es ist wirklich lächerlich, warum verheimlicht sie es? Auch ich war lächerlich und dumm gewesen, nun bin ich von dort weggegangen und habe vor niemand mehr Angst. Ich denke und sage, was ich will und bin glücklich. Als ich noch zu Hause wohnte, hatte ich keine Ahnung von Glück, jetzt würde ich aber auch nicht mit einer Königin tauschen.«

Nun kam Doktor Blagowo. Er hatte sein Doktordiplom bekommen und ruhte jetzt in unserer Stadt bei seinem Vater aus. Er sagte, daß er bald wieder nach Petersburg gehen wolle, um sich mit den Schutzimpfungen gegen Typhus und, ich glaube, auch gegen die Cholera zu befassen; er wollte auch noch ins Ausland gehen, um sich zu vervollkommnen und später einen Lehrstuhl zu bekommen. Den Militärdienst hatte er aufgegeben und trug nun ein bequemes Cheviotjackett, weite Hosen und prachtvolle Krawatten. Meine Schwester war von seinen Krawattennadeln, Manschettenknöpfen und vom roten Seidentuch, das er aus Koketterie in der vorderen Rocktasche trug, entzückt. Einmal zählten wir aus Langweile alle seine Anzüge auf, die wir kannten, und es waren ihrer mindestens zehn. Es war klar, daß er meine Schwester immer noch liebte, aber er hatte kein einziges Mal, nicht einmal im Scherz gesagt, daß er sie nach Petersburg oder ins Ausland mitnehmen wolle, und ich konnte mir gar nicht vorstellen, was aus ihr, wenn sie am Leben bliebe, und was aus ihrem Kinde werden würde. Sie aber träumte ohne Ende und dachte nie ernsthaft an die Zukunft; sie sagte, er könne verreisen, wohin er wolle, er dürfe sie sogar verlassen, wenn er nur selbst glücklich sei; ihr aber genüge schon das, was gewesen.

Wenn er zu uns kam, untersuchte er sie sehr eingehend und verlangte, daß sie in seiner Gegenwart Milch mit irgendwelchen Tropfen trinke.

Auch heute tat er es. Er untersuchte sie und zwang sie ein Glas Milch zu trinken, und dann roch es in unserem Zimmer nach Kreosol.

»Das ist vernünftig«, sagte er, ihr das Glas aus der Hand nehmend. »Du sollst nicht viel sprechen, du aber plauderst in der letzten Zeit wie eine Elster. Sei, bitte, still.«

Sie lachte. Dann ging er in das Zimmer Rettichs, bei dem ich saß, und klopfte mir freundlich auf die Schulter.

»Nun, wie geht's, Alter?« fragte er, sich über den Kranken beugend.

»Euer Hochwohlgeboren ...« sagte Rettig, leise die Lippen bewegend: »Euer Hochwohlgeboren, ich erlaube mir zu bemerken ... wir alle stehen in Gottes Hand, wir alle müssen sterben ... Erlauben Sie, daß ich die Wahrheit sage ... Euer Hochwohlgeboren, Sie werden nicht ins Himmelreich kommen!«

»Nun, was soll man machen«, scherzte der Doktor, »jemand muß doch auch in die Hölle kommen.«

Plötzlich trübte sich mein Bewußtsein. Es war mir, als sähe ich es im Traume: ich stehe in einer Winternacht auf dem Schlachthofe, und neben mir steht Prokofij, der entsetzlich nach Pfefferschnaps riecht. Ich nahm alle meine Kräfte zusammen und rieb mir die Augen, und sofort schien es mir wieder, als ginge ich zum Gouverneur, um mich mit ihm auseinanderzusetzen. Ähnliche Zustände habe ich weder früher noch später gehabt, und diese seltsamen, traumartigen Erinnerungen kamen wohl vor von der Überanstrengung meines Nervensystems. Ich durchlebte den frühen Morgen auf dem Schlachthofe und die Auseinandersetzung mit dem Gouverneur und hatte dabei das dunkle Gefühl, daß es nicht die Wirklichkeit war.

Als ich wieder zu mir kam, sah ich, daß ich nicht mehr zu Hause war, sondern mit dem Doktor auf der Straße unter einer Laterne stand.

»Es ist traurig, traurig«, sagte er, während ihm die Tränen die Wangen herunterliefen. »Sie ist lustig und lacht und hofft, und doch ist ihre Lage hoffnungslos, mein Bester. Ihr Rettich haßt mich und will mir immer zu verstehen geben, daß ich schlecht gegen sie gehandelt habe. Er hat von seinem Standpunkt aus recht, aber ich habe auch meinen eigenen Standpunkt und bedauere in keiner Weise das, was geschehen ist. Wir alle müssen lieben, nicht wahr? Ohne Liebe gibt es kein Leben. Wer die Liebe fürchtet und flieht, der ist nicht frei.«

Allmählich kam er auf andere Themen zu sprechen und redete von der Wissenschaft und von seiner Dissertation, die in Petersburg gut gefallen habe; er sprach mit Begeisterung und dachte gar nicht mehr an meine Schwester, an seinen Kummer und an mich. Das Leben riß ihn mit. Sie hat ihr Amerika und den Ring mit der Inschrift, dachte ich mir, und er – seinen Doktortitel und die wissenschaftliche Karriere; nur ich und meine Schwester sind beim alten geblieben.

Nachdem ich mich von ihm verabschiedet, ging ich an die Laterne und las den Brief noch einmal durch. Es fiel mir so lebhaft ein, wie sie im Frühjahr eines Morgens zu mir auf die Mühle gekommen war und sich mit einem Schafpelz zugedeckt hatte – sie wollte einer einfachen Bäuerin gleichen. Ein anderes Mal, auch das war am frühen Morgen, als wir die Netze aus dem Wasser zogen, fielen auf uns von den Uferweiden große Regentropfen, und wir lachten so herzlich …

In unserem Hause auf der Großen Adelsstraße war es dunkel. Ich kletterte über den Zaun, wie ich es in früheren Zeiten zu tun pflegte, und ging in die Küche, um mir mein Lämpchen zu holen. In der Küche war niemand; am Ofen summte der Samowar, der auf meinen Vater wartete. Wer mag ihm wohl jetzt den Tee einschenken? fragte ich mich. Ich nahm das Lämpchen, ging in die Hütte, machte mir aus den alten Zeitungen ein Lager zurecht und legte mich hin. Die Haken an den Wänden blickten ernst drein, und ihre Schatten bewegten sich. Es war kalt. Mir war es, als ob gleich meine Schwester kommen und mir das Abendbrot bringen würde, aber ich erinnerte mich, daß sie krank im Hause Rettichs lag, und es kam mir plötzlich sonderbar vor, daß ich über den Zaun geklettert war und hier in der ungeheizten Hütte lag. Mein Bewußtsein war getrübt, und allerlei Unsinn schwebte mir vor den Augen.

Nun klingelt es. Die Geräusche sind mir von Kindheit bekannt: zuerst raschelt der Draht an der Wand, dann ertönt in der Küche ein kurzes, klagendes Lauten. Der Vater ist aus dem Klub heimgekehrt. Ich stand auf und ging in die Küche. Als die Köchin Aksinja mich erblickte, schlug sie die Hände zusammen und fing zu weinen an.

»Liebes Kind!« sagte sie leise. »Mein Teurer! Ach Gott!«

In ihrer Aufregung begann sie an ihrer Schürze zu zerren. Auf der Fensterbank standen große Flaschen mit Beeren und Branntwein. Ich schenkte mir eine Teetasse voll ein und trank sie gierig aus, weil ich sehr durstig war. Aksinja hatte erst eben den Tisch und die Bänke gescheuert, und in der Küche roch es so, wie es in hellen, gemütlichen Küchen bei reinlichen Köchinnen zu riechen pflegt. Dieser Geruch und das Zirpen des Heimchens lockten uns in unseren Kindertagen nach der Küche und weckten in uns den Wunsch, Märchen zu hören und harmlose Kartenspiele zu spielen …

»Und wo ist Kleopatra?« fragte Aksinja leise, in großer Hast, den Atem zurückhaltend. »Und wo ist deine Mütze, Väterchen? Und deine Frau ist, wie man sagt, nach Petersburg verreist?«

Sie war schon bei meiner Mutter im Dienst gewesen und pflegte einst uns, mich und Kleopatra in einem Holztrog zu baden; auch jetzt noch betrachtete sie uns als Kinder, die sie zu erziehen hatte. In einer Viertelstunde hatte sie mir alle Erwägungen ausgekramt, die sie, seit wir uns nicht gesehen, in der Stille der Küche mit der Umsicht einer alten Magd aufgespeichert hatte. Sie sagte, daß man den Doktor zwingen könne, Kleopatra zu heiraten, – man müsse ihm nur ordentlich Angst machen und eine Bittschrift an den Bischof aufsetzen, damit er seine erste Ehe auflöse; dann wäre es gut, Dubetschnja hinter dem Rücken meiner Frau zu verkaufen und das Geld auf meinen Namen in die Bank zu tun; und wenn meine Schwester und ich unseren Vater kniefällig bitten wollten, so würde er uns vielleicht verzeihen; wir sollten auch eine Messe der Himmelskönigin lesen lassen …

»Nun, geh doch, Väterchen, sprich mit ihm«, sagte sie, als man meinen Vater husten hörte. »Geh hin, sprich mit ihm und verbeuge dich vor ihm, der Kopf wird dir davon nicht abfallen.«

Ich ging. Der Vater saß schon am Tisch und zeichnete den Plan zu einer Villa mit gotischen Fenstern und einem dicken Turm, der wie ein Feuerwehrturm aussah, – es war furchtbar talentlos und trocken. Als ich in sein Zimmer trat, blieb ich so stehen, daß ich den Plan sehen konnte. Ich wußte nicht, weshalb ich zum Vater gekommen war, aber ich erinnere mich, daß ich beim Anblick seines mageren Gesichts, seines roten Halses und seines Schattens an der Wand ihm um den Hals fallen und mich vor ihm, wie mir Aksinja geraten, bis zum Boden verneigen wollte. Aber der Plan mit den gotischen Fenstern und dem dicken Turm hielt mich davon ab.

»Guten Abend«, sagte ich.

Er blickte mich an und senkte die Augen sofort wieder auf die Zeichnung.

»Was willst du?« fragte er nach einer Weile.

»Ich bin gekommen, um Ihnen zu sagen, daß meine Schwester schwer krank ist. Sie wird bald sterben«, fügte ich mit dumpfer Stimme hinzu.

»Was soll ich dazu sagen?« seufzte der Vater. Dann nahm er die Brille ab und legte sie auf den Tisch. »Was man sät, das erntet man. Was man sät«, wiederholte er, vom Tische aufstehend, »das erntet man. Ich bitte dich, erinnere dich nur, wie du vor zwei Jahren zu mir kamst und wie ich dich hier auf dieser selben Stelle gebeten habe, deine Verirrungen zu bereuen, und zu dir von deiner Schuldigkeit, von der Ehre und von den Pflichten gegen deine Ahnen gesprochen habe, deren Traditionen wir heilig halten müssen. Hast du auf mich gehört? Du hast meine Ratschläge verachtet und hast an deinen falschen Anschauungen hartnäckig festgehalten; und noch mehr als das: du hast auch deine Schwester in deine Verirrungen hineingezogen und sie gezwungen, Moral und Scham aufzugeben. Nun geht es euch beiden schlecht. Was soll ich dazu sagen? Was man sät, das erntet man!«

Als er das sagte, ging er in seinem Zimmer auf und ab. Wahrscheinlich glaubte er, ich sei zu ihm gekommen, um meine Schuld zu bekennen; wahrscheinlich erwartete er, ich würde für mich und für meine Schwester bitten. Mich fröstelte, ich zitterte wie im Fieber, und ich sagte heiser mit großer Mühe:

»Auch ich bitte Sie, sich daran zu erinnern, daß ich Sie an dieser selben Stelle angefleht habe, mich zu verstehen, sich in mich einzufühlen und zusammen mit mir die Frage zu untersuchen, wie und wofür wir leben sollen; als Antwort brachten Sie aber die Rede auf die Ahnen und auf den Großvater, der Verse geschrieben hat. Jetzt erzähl ich Ihnen, daß Ihre einzige Tochter sterben muß, und Sie reden wieder von Ahnen und Traditionen. Wie leichtsinnig ist das doch in Ihrem Alter, wo der Tod nicht mehr fern ist, wo Sie nur noch fünf, höchstens zehn Jahre zu leben haben!«

»Wozu bist du hergekommen?« fragte mein Vater streng. Er fühlte sich offenbar dadurch verletzt, daß ich ihm Leichtsinn vorgeworfen hatte.

»Ich weiß es nicht. Ich liebe Sie, es tut mir unaussprechlich leid, daß wir uns so fremd sind, – darum bin ich gekommen. Ich liebe Sie noch, aber meine Schwester hat sich von Ihnen endgültig losgerissen. Sie verzeiht nicht und wird es Ihnen nie verzeihen. Schon Ihr Namen allein weckt in ihr einen Ekel vor der Vergangenheit, vor dem Leben.«

»Und wer ist schuld?« schrie der Vater. »Du bist selbst schuld, du Taugenichts!«

»Gut, nehmen wir an, daß ich schuld bin«, sagte ich. »Ich bekenne es, ich bin an vielem schuld; warum ist aber Ihr Leben, das Sie auch uns aufdrängen wollen, so furchtbar langweilig, so geschmacklos, warum gibt es in allen den Häusern, die Sie in den dreißig Jahren erbaut haben, keinen Menschen, von dem ich lernen könnte, wie man leben soll, ohne Schuld auf sich zu laden? In der ganzen Stadt gibt es keinen einzigen ehrlichen Menschen! Alle Ihre Häuser sind verfluchte Nester, in denen die Mutter und die Töchter langsam hingemordet und die Kinder gequält werden … Meine arme Mutter!« fuhr ich verzweifelt fort. »Meine arme Schwester! Man muß sich ja mit Schnaps, Kartenspiel und Klatschereien betäuben, man muß heucheln und lügen oder jahrzehntelang Pläne zeichnen, um das Grauen nicht zu sehen, das in diesen Häusern wohnt. Unsere Stadt existiert schon seit Jahrhunderten und hat bisher dem Vaterlande noch keinen nützlichen Menschen geliefert, – keinen einzigen! Sie haben alles Lebensfähige, alles Originelle im Keime erstickt! Es ist eine Stadt der Krämer, der Schenker, der Kanzlisten, der Heuchler, eine unnütze, zwecklose Stadt, die keine Seele bedauern würde, wenn sie plötzlich in die Erde versänke.«

»Ich will dir nicht weiter zuhören, du Taugenichts!« sagte mein Vater und nahm ein Lineal vom Tisch. »Du bist betrunken. Unterstehe dich nicht, in solchem Zustande vor deinen Vater zu treten! Ich sage es dir zum letztenmal, und das sollst du auch deiner sittenlosen Schwester mitteilen, daß ihr von mir nichts bekommen werdet. Die widerspenstigen Kinder habe ich mir aus dem Herzen gerissen, und wenn sie unter ihrer Widerspenstigkeit leiden, so tun sie mir nicht leid. Du kannst gehen, woher du gekommen bist. Gott wollte mich durch euch strafen, und ich trage diese Prüfung in Demut und finde gleich Hiob Trost in meinen Leiden und in der Arbeit. Du darfst nicht über meine Schwelle treten, ehe du dich gebessert hast. Ich bin gerecht, alles, was ich sage, ist nützlich, und wenn du dir selbst Gutes willst, so mußt du dein Leben lang daran denken, was ich dir gesagt habe und jetzt sage.«

Ich winkte mit der Hand und ging hinaus. Was ich in der Nacht und am anderen Tage getrieben habe, weiß ich nicht mehr.

Man sagt, ich sei ohne Mütze, taumelnd und laut singend, durch die Straßen gelaufen, von Jungen verfolgt, die mir nachgeschrien hätten:

»Kleiner Nutzen! Kleiner Nutzen!«

20.

Wenn ich Lust hätte, mir einen Ring zu bestellen, so würde ich mir die Inschrift wählen: »Nichts vergeht«. Ich glaube, daß nichts spurlos vergeht und daß jeder kleinste Schritt eine Bedeutung für das gegenwärtige und für das zukünftige Leben hat.

Alles, was ich erlebt hatte, ging an mir nicht umsonst vorüber. Meine großen Leiden und meine Geduld haben die Herzen der Bürger gerührt und heute nennt mich niemand mehr »Kleiner Nutzen«, niemand lacht über mich, und, wenn ich durch den Markt gehe, begießt man mich nicht mehr mit Wasser. Alle haben sich schon daran gewöhnt, daß ich Arbeiter geworden bin und sehen nichts Merkwürdiges darin, daß ich, ein geborener Edelmann, Eimer mit Farbe herumschleppe und Scheiben einsetze; im Gegenteil, man gibt mir gerne Aufträge und hält mich für einen guten Meister und für den besten Unternehmer neben Rettich, der zwar gesund geworden ist und nach wie vor die Kirchenkuppeln ohne Gerüst anstreicht, aber nicht mehr die Kraft hat, mit seinen Gehilfen fertig zu werden; an seiner Stelle laufe ich jetzt auf der Suche nach Aufträgen herum, nehme Gesellen auf und entlasse sie wieder und leihe mir Geld gegen hohe Zinsen. Jetzt, wo ich selbst Unternehmer bin, kann ich es sehr gut begreifen, wie man wegen eines kleinen Auftrages drei Tage lang in der Stadt herumläuft, um Dachdecker zu suchen. Man behandelt mich höflich, sagt »Sie« zu mir und traktiert mich in den Häusern, wo ich arbeite, mit Tee oder läßt mich fragen, ob ich nicht zu Mittag mitessen möchte. Die Kinder und die jungen Mädchen kommen oft zu mir herein und schauen neugierig zu, wie ich arbeite.

Einmal arbeitete ich im Garten des Gouverneurs: ich mußte eine Laube anstreichen und marmorieren. Der Gouverneur kam auf seinem Spaziergange in die Laube und sprach mich aus Langweile an. Ich erinnerte ihn daran, wie er mich einst vorgeladen hatte. Er starrte mich eine Weile an, machte dann einen runden Mund und sagte:

»Ich erinnere mich nicht mehr!«

Ich bin alt geworden, bin schweigsam, ernst, streng, lache selten, und man sagt, daß ich Rettich ähnlich sähe und ebenso wie er meine Arbeiter mit nutzlosen Belehrungen langweile.

Maria Viktorowna, meine gewesene Frau, lebt im Auslande, und ihr Vater, der Ingenieur, baut irgendwo im Osten eine Eisenbahn und kauft dort Güter. Doktor Blagowo ist auch im Auslande. Dubetschnja gehört jetzt der Frau Tscheprakowa, die es vom Ingenieur mit zwanzig Prozent Nachlaß gekauft hat. Moïssej trägt bereits einen steifen Hut; er kommt oft in die Stadt in einem Rennwagen gefahren und hat irgendwelche Geschäfte auf der Bank. Man sagt, er hätte sich schon ein eigenes Gut gekauft und ziehe auf der Bank Erkundigungen wegen Dubetschnja ein, das er sich gleichfalls kaufen möchte. Der arme Iwan Tscheprakow trieb sich lange arbeitslos und versoffen in der Stadt herum. Ich versuchte, aus ihm einen Handwerker zu machen; eine Zeitlang strich er mit uns Dächer an, setzte Scheiben ein und stahl wie ein richtiger Maler Firnis, bettelte um Trinkgeld und soff. Die Arbeit machte ihm aber bald keinen Spaß mehr, und er kehrte nach Dubetschnja zurück; meine Arbeiter gestanden mir später, er hätte sie zu überreden versucht, nachts mit ihm zusammen den Moïssej umzubringen und die Generalin zu berauben.

Mein Vater ist sehr alt geworden. Er geht gebückt und spaziert abends in der Nähe seines Hauses. Ich besuchte ihn nicht.

Prokofy hat in der Cholerazeit die Kaufleute mit Pfefferschnaps und Teer behandelt und sich dafür bezahlen lassen. Ich erfuhr aus der Zeitung, daß er mit Rutenhieben bestraft wurde, weil er sich in seinem Fleischladen abfällig über die Ärzte geäußert hatte. Sein Nikolka ist an der Cholera gestorben. Karpowna ist noch am Leben und liebt und fürchtet ihren Prokofy nach wie vor. Sooft sie mich sieht, schüttelt sie traurig den Kopf und seufzt:

»Verloren ist dein Kopf!«

An Wochentagen bin ich vom Morgen bis zum Abend beschäftigt. An Feiertagen nehme ich aber bei schönem Wetter meine kleine Nichte (meine Schwester hatte einen Jungen erwartet, aber ein Mädchen bekommen) auf den Arm und gehe auf den Friedhof. Dort stehe oder sitze ich und blicke lange auf das mir teure Grab und sage der Kleinen, daß hier ihre Mama liegt.

Am Grabe treffe ich manchmal Anjuta Blagowo. Wir begrüßen uns und stehen stumm da, oder sprechen von Kleopatra, von ihrem Mädchen, und wie traurig dieses Leben sei. Wenn wir dann den Friedhof verlassen, verlangsamt sie absichtlich die Schritte, um möglichst lange mit mir zusammengehen zu können. Die Kleine ist vergnügt und glücklich, sie kneift die Äuglein vor dem grellen Sonnenlichte zusammen und streckt lachend ihre Händchen nach ihr aus, und wir bleiben stehen und liebkosen das liebe Kind.

Wenn wir aber in die Stadt kommen, wird Anjuta aufgeregt und rot; sie verabschiedet sich von mir und setzt solid und streng ihren Weg allein fort ... Und keiner von den Vorübergehenden wird ihr ansehen, daß sie soeben neben mir gegangen ist und sogar das Kind liebkost hat.

Erzählungen aus dem Biedermeier

Biedermeier - das klingt in heutigen Ohren nach langweiligem Spießertum, nach geschmacklosen rosa Teetässchen in Wohnzimmern, die aussehen wie Puppenstuben und in denen es irgendwie nach »Omma« riecht.

Zu Recht. Aber nicht nur.

Biedermeier ist auch die Zeit einer zarten Literatur der Flucht ins Idyll, des Rückzuges ins private Glück und der Tugenden. Die Menschen im Europa nach Napoleon hatten die Nase voll von großen neuen Ideen, das aufstrebende Bürgertum forderte und entwickelte eine eigene Kunst und Kultur für sich, die unabhängig von feudaler Großmannssucht bestehen sollte.

Georg Büchner Lenz **Karl Gutzkow** Wally, die Zweiflerin **Annette von Droste-Hülshoff** Die Judenbuche **Friedrich Hebbel** Matteo **Jeremias Gotthelf** Elsi, die seltsame Magd **Georg Weerth** Fragment eines Romans **Franz Grillparzer** Der arme Spielmann **Eduard Mörike** Mozart auf der Reise nach Prag **Berthold Auerbach** Der Viereckig oder die amerikanische Kiste

ISBN 978-3-8430-1884-5, 444 Seiten, 29,80 €

Erzählungen aus dem Biedermeier II

Annette von Droste-Hülshoff Ledwina **Franz Grillparzer** Das Kloster bei Sendomir **Friedrich Hebbel** Schnock **Eduard Mörike** Der Schatz **Georg Weerth** Leben und Taten des berühmten Ritters Schnapphahnski **Jeremias Gotthelf** Das Erdbeerimareili **Berthold Auerbach** Lucifer

ISBN 978-3-8430-1885-2, 440 Seiten, 29,80 €

Erzählungen aus dem Biedermeier III

Eduard Mörike Lucie Gelmeroth **Annette von Droste-Hülshoff** Westfälische Schilderungen **Annette von Droste-Hülshoff** Bei uns zulande auf dem Lande **Berthold Auerbach** Brosi und Moni **Jeremias Gotthelf** Die schwarze Spinne **Friedrich Hebbel** Anna **Friedrich Hebbel** Die Kuh **Jeremias Gotthelf** Barthli der Korber **Berthold Auerbach** Barfüßele

ISBN 978-3-8430-1886-9, 452 Seiten, 29,80 €